ATTI DI GIULIO DI AQFAḤS

CORPUS
SCRIPTORUM CHRISTIANORUM ORIENTALIUM
EDITUM CONSILIO
UNIVERSITATIS CATHOLICAE AMERICAE
ET UNIVERSITATIS CATHOLICAE LOVANIENSIS

Vol. 191

SCRIPTORES AETHIOPICI

TOMUS 38

ATTI DI GIULIO DI AQFAHS

TRADOTTI

DA

ENRICO CERULLI

LOUVAIN
SECRÉTARIAT DU CORPUSSCO
49, CH. DE WAVRE
1959

INTRODUZIONE

Giulio di Aqfāḥs è venerato come santo e martire dalla Chiesa Copta e dalla Chiesa Etiopica. Un breve riassunto della sua vita si legge nel Sinassario Etiopico (sotto la data del 22 *maskaram*) e nel Sinassario Arabo dei Copti (sotto la data corrispondente del 22 *tūt*) [1]. Giulio di Aqfāḥs è, anzi tutto, un personaggio celebre nella letteratura agiografica dell' Egitto cristiano. Egli figura come pietoso carceriere dei martiri e confessori durante la persecuzione di Diocleziano; ed a lui si attribuisce un intiero ciclo di Passioni dei martiri, che egli avrebbe scritto come diretto testimone. Alla fine lo stesso Giulio è martire, ancora sotto Diocleziano; e gli Atti, di cui diamo qui la versione etiopica raccontano i supplizi cui egli fu sottoposto.

Questa versione etiopica deriva da un originale arabo, tuttora inedito (un brevissimo riassunto ne fu dato da Mons. P. Dib [2]). È possibile che la traduzione sia stata fatta nella seconda metà del secolo XVII od, al più, ai primi del XVIII nel movimento letterario di ripresa della Chiesa monofisita nell' Etiopia di quel periodo.

I caratteri delle Passioni dei martiri nell'agiografia copta sono stati già delineati con mano sicura dal P. H. Delehaye [3]. Gli Atti di Giulio di Aqfāḥs, che in un certo senso concludono il ciclo, che, come ora ho detto, è attribuito a quel martire, carceriere ed agiografo, rappresentano letterariamente quasi l'espressione più forte

1 E. A. Wallis Budge, *The Book of the Saints of the Ethiopian Church*, Cambridge 1928, vol. I, p. 80-83; J. Forget, *Synaxarium Alexandrinum* (in CSCO, 47 / ar.3, p. 39-41, 78 / *ar.12*, p. 35-36.

2 P. Dib, *Jules d'Aqfahs* in *Revue de l'Orient Chrétien*, 1910, p. 301-306. Per i cinque codici arabi sin ora segnalati, dei quali uno a Parigi (Ar. 4788 della Bibliothèque Nationale) e quattro al Cairo (dove sono i due più antichi) cfr. il mio art. *La Conquista Persiana di Gerusalemme ed altre fonti orientali cristiane di un episodio dell'Orlando Furioso* in *Orientalia*, XV, 1946, p. 444 n. 2.

3 H. Delehaye, *Les martyrs d'Égypte* in *Analecta Bollandiana*, 1922, p. 149-154 (per la figura di Giulio di Aqfāḥs cfr. ibidem p. 138 e la bibliografia citata in *La Conquista Persiana* cit. p. 444 n. 1).

di quelle caratteristiche. Giulio, infatti, muore — secondo i suoi Atti — due volte ed è successivamente risuscitato per prodigio, sin che subisce il terzo e definitivo martirio. I supplizi si ripetono e si rinnovano, sempe più crudeli e sempre vittoriosamente affrontati dal martire Giulio, che così viene a superare in asperità di prove i confessori e martiri già da lui assistiti.

Ma quel che fa davvero il singolare interesse di questa opera è invece la raccolta dei Miracoli. Essa, nella redazione conservataci dal codice D'Abbadie, comprende diciannove racconti; ma nulla esclude, come è praticamente avvenuto per altre raccolte analoghe, che nei codici arabi od in manoscritti etiopici ora a noi ignoti il numero e la disposizione dei racconti sia stata diversa.

I primi otto racconti sono una nuova versione della leggenda cristiana orientale dell'Imperatore Costantino. Dopo un accenno alla leggenda di Diocleziano, qui presentato come Antiocheno, l'autore narra come Costantino fosse prodigiosamente salvato per mano di S. Giulio di Aqfāḥs, la cui intercessione egli aveva invocato, dalle mani dei Persiani i quali lo avevano circondato [4]. Costantino riunisce poi il Concilio di Nicea e riceve in sogno da S. Giulio di Aqfāḥs l'ordine di costruirgli una chiesa in Alessandria e di far deporre colà la salma del martire egiziano. Il Patriarca Alessandro (di Alessandria) [5], nel tornare alla sua sede dopo il Concilio, ha da Costantino l'incarico di guidare le navi con il materiale necessario alla costruzione della chiesa. Partono le navi; e, durante il viaggio, incontrano le navi del re dell'India, cariche di tesori, ma senza equipaggio. L'equipaggio era sceso su di un'isola o meglio su quella che essi credevano un'isola ed era invece una balena. S. Giulio, invocato, interviene e la balena prende a rimorchio le navi e le porta tutte in Alessandria.

[4] Si tratta quindi di un'altra versione della leggendaria 'guerra persiana' di Costantino, che appare anche in MICHELANGELO GUIDI, *Un βίος di Costantino* in *Rendiconti Lincei* sc. mor. 1907, p. 316-319; ed in FR. HALKIN, *Une nouvelle vie de Constantin dans un légendier de Patmos* in *Analecta Bollandiana*, 1959, p. 84-86.

[5] Il Patriarca S. Alessandro figura quindi come l'autore di questo gruppo di racconti che costituirebbero una sua testimonianza personale. S. Alessandro, predecessore di S. Atanasio sulla Cattedra di S. Marco, e contemporaneo di Costantino, fu energico avversario dell'Arianesimo. La attribuzione a lui dei racconti è, per altro, leggendaria.

Durante la costruzione della chiesa, avvengono prodigi straordinari che commuovono il popolo di Alessandria. Il Patriarca ne informa Costantino, proponendogli che egli edifichi a S. Giulio di Aqfāḥs una corrispondente chiesa a Bisanzio : ciò che l'Imperatore fa subito.

Il racconto è così tipico di quella letteratura popolare della Cristianità di Egitto, di cui ben poco ci è ora noto. Ma in esso troviamo già inseriti temi, come quello della balena-isola e quello delle navi-tesoro senza equipaggio, che appaiono largamente diffusi anche nella novellistica araba musulmana, oltre che nelle letterature del Medio Evo occidentale. Una analisi dei successivi dodici racconti dal punto di vista storico-letterario non è qui possibile, perchè trascenderebbe i limiti accettati per queste introduzioni ai testi del Corpus. Basterà ricordare però che il racconto XVII è quello del ' farmaco di inviolabilità ' o ' stratagemma della vergine ', già discusso negli scorsi anni in varie pubblicazioni, e che in definitiva è poi entrato nella grande poesia dando motivo all'episodio di Isabella e Rodomonte nel XXIX canto dell'Orlando Furioso dell'Ariosto [6].

[6] Cfr. G. Levi Della Vida, *A Christian Legend in Moslem Garb* in *Byzantion,* XV, 1940-1941, p. 144-157; Campbell Bonner, *The Maiden's Stratagem* in *Byzantion,* XVI, 1942-1943, p. 142-161 (e *Journal of the American Oriental Society,* XLIV, 1924, p. 176); G. Levi Della Vida, *Le Stratagème de la vierge et la traduction arabe du Pratum Spirituale de Jean Moschus* in *Annuaire de l'Institut de philologie et d'histoire orientale et slaves de l'Université de Bruxelles,* VII, New York 1939-1944, p. 83-126; E. Cerulli, *La Conquista Persiana di Gerusalemme* cit.; *Nuovi testi sulla Conquista Persiana di Gerusalemme* in *Orientalia,* XVI, 1947, p. 377-390; G. Levi Della Vida, *Sulla versione araba di Giovanni Moseo e di Pseudo-Atanasio Sinaitico secondo alcuni codici vaticani* in *Miscellanea Giovanni Mercati,* Città del Vaticano 1946 (Studi e Testi nº 123), vol. III, p. 104-115; id. *Un'altra versione islamica dello Stratagemma della vergine* in *Silloge Bizantina in onore di Silvio Giuseppe Mercati,* Roma 1957, p. 287-293.

I

ATTI DI GIULIO DI AQFĀḤS * p. 1

In nome del Padre, del Figlio e dello Spirito Santo, Dio unico. Atti e martirio del gran santo e veneratissimo tra i martiri, san Giulio del paese di Aqfāḥs della diocesi di Aḥnās, padre dei martiri e scrittore dei loro Atti. Egli compì il suo agone insieme con Yonyās suo fratello e Teodoro suo figlio, il 22 del mese di *maskaram*. La preghiera, la benedizione ed il dono dell'intercessione di questi martiri siano col loro diletto Za-Walda Māryām e lo salvino dalle insidie di Satana nemico! Nei secoli dei secoli. Amen. Amen. Fiat! Fiat!

CAPITOLO I

Questo S. Giulio giunse alla terza riunione e convertì Arqyānos, uffiziale di Sanhud, e Sufyānos, uffiziale di Athribis e li fece entrare nel celeste convito. Egli compì il suo agone per mano dell'uffiziale di Ṭawā. Ed i suoi servi tolsero il suo corpo dai soldati, dando loro molto oro, e lo portarono nel paese di Alessandria. L'intercessione di lui sia col suo diletto Za-Walda Māryām! Nei secoli dei secoli. Amen.

Quando Diocleziano si ribellò ed adorò gli idoli, prese a condannare i martiri; e prescriveva ai suoi uffiziali di condannare i martiri. S. Giulio allora emigrò dal paese di Aqfāḥs e si stabilì in Alessandria e possedeva lì case e giardini e molte ricchezze. Quando poi i suoi servi portarono il suo santo corpo ed il corpo di Yonyās, suo fratello, e di Teodoro, suo figlio, li collocarono presso i corpi di Agnānitos e Giovanni, suo fratello, martiri alessandrini. Poi l'imperatore Costantino mandò a costruire per lui (S. Giulio) una grande chiesa * in Alessandria. Ne compì la costruzione e la adornò * p. 2
di belli ornamenti.

Quando Dio aveva voluto far passare il regno abbietto di Diocleziano, lo aveva reso cieco ed aveva fatto che (Diocleziano) chiedesse l'elemosina alle porte di Antiochia, a causa delle malvagità da lui commesse e dei servitori di Cristo e delle anime innumerevoli di coloro dei quali egli aveva sparso il sangue. E fece regnare (il Signore) sul trono di Antiochia l'imperatore Costantino, diletto da Dio. Questo imperatore Costantino, che era figlio della beata imperatrice Elena, mandò subito ad ordinare che fossero liberati i prigionieri in tutti i paesi, (e cioè) quelli dei santi che egli trovò prigionieri. Ordinò poi che si lavassero le loro ferite e si dessero loro nuovi panni. Ed egli stesso, l'imperatore, dava loro da mangiare dolcissime vivande e si prosternava a loro e leccava le loro ferite con la sua lingua, dicendo in cuor suo : 'Questo mi sarà rimedio pel mio corpo e per le mie molte malattie.' Li accoglieva (Costantino) nel nome di Nostro Signore Gesù Cristo e li rimandava ai loro paesi in pace. Chiuse allora l'imperatore Costantino, fedele e giusto, tutte le porte (dei templi) degli idoli abbietti.

Ma l'Egitto era nelle tenebre per l'adorazione degli idoli abbietti. E quando i capi e gli uffiziali ed i principi appresero che il Signore aveva fatto perire Diocleziano l'apostata e tutti i pagani con lui, furono presi da paura e spavento, perchè sapevano che Costantino era uomo fedele e giusto ed odiava l'adorazione degli idoli. Essi quindi tennero nascosta la cosa, a motivo della carica che avevano, perchè il popolo non li bruciasse.

C'era un nobile, di alto lignaggio e rispettato presso l'Imperatore, gli uffiziali ed i principi. Egli abitava nel paese di Alessandria ed aveva nome Giulio del paese di Aqfāḥs, soccorso dei poveri ed ausi-
* p. 3 lio dei tribolati. Era costui molto ricco ed era amico * dei Sovrani, per la grazia del Signore che sul volto di lui permaneva. Si consigliavano (i Sovrani) con lui molto spesso nelle varie faccende che compievano; ed egli insegnava loro a fare il bene e tenersi lontani dal male. Entrava ed usciva con loro, nè essi lo obbligavano ad offrire incenso agli idoli; ma il Signore lo proteggeva a motivo della sua sapienza perchè scrivesse gli Atti dei santi martiri e le loro pene tutte che essi (martiri) accoglievano per il nome di Nostro Signore Gesù Cristo. Aveva (Giulio) milletrecento dipendenti che conoscevano bene la scrittura; e li mandava in tutti i paesi, dando loro molto danaro perchè andassero in tutti i luoghi dove erano in vincoli i santi martiri nelle prigioni per il nome di Gesù Cristo; perchè servissero i santi martiri che erano in vincoli nelle prigioni e scrivessero le pene di quelli ed i supplizi che gli infedeli loro infliggevano. Inoltre S. Giulio soleva prescrivere ai suoi servi e raccomandare loro : 'Quando i Sovrani o gli uffiziali fanno deca-

pitare i martiri, badate che non cada affatto il loro sangue in terra. Anzi stendete le vostre vesti e raccogliéte il loro sangue con cura e zelo perchè cosa impura non lo tocchi affatto. Perchè il loro sangue è purissimo. Poi avvolgete il loro corpo in vesti candide e mandateli (a seppellire) nel loro paese. Quelli che rimarranno seppelliteli voi in un luogo puro sin che il Signore si compiaccia di rivelare il loro santo corpo in grande onore.' S. Giulio, poi, soleva fare egli stesso così nel paese di Alessandria. E serviva i santi ed i forestieri, le vedove e gli orfani; e pregava senza interruzione; sì che tutti lo amavano per le sue buone opere. Ma egli assai invidiava (la sorte dei martiri) e zelava il martirio; però non era ancora giunto il giorno * in cui il Signore doveva disporre * p. 4 che (S. Giulio) fosse martire a causa dei servigi da lui resi ai martiri cui serviva.

Mentre il santo (Giulio) era in queste occupazioni, quando si avvicinò il tempo della rovina degli idoli abbietti, gli apparve Nostro Signore Gesù Cristo mentre egli nella sua dimora dormiva. E gli disse, con volto pieno di letizia : 'Salute a te, Giulio, servitore di tutti i santi! Lévati! Perchè dormi ora che è prossimo il tuo agone e ti è preparata la corona, o carissimo? Tutti i martiri ti aspettano, quelli cui tu fosti di ausilio. Lévati dunque e va presto a compiere le loro profezie e le benedizioni di cui ti hanno benedetto perchè tu compia le loro volontà : perchè tutti i santi ti aspettano per prosternarsi innanzi a te insieme con gli Angeli sin che ti faranno ascendere al cielo in grande gloria. E tutti gli uomini di questo paese (di Egitto) non lasceranno che alcun uffiziale ti condanni nè ti giudichi per l'amore che essi hanno per te. Ora quindi lévati e va al paese di Samnud dall'uffiziale Arqyānos e confessa il mio nome innanzi a lui! Quegli ti condannerà a pena assai grave; e per te saranno fatti miracoli e prodigi molti in quel luogo. E molti confesseranno in mano tua, e spargeranno il loro sangue per il mio nome. Lo stesso prefetto (Arqyānos) si convertirà dall'idolatria in mano tua, per i prodigi che tu gli farai e sarà (egli stesso) martire per il mio nome. Dunque affréttati, carissimo, perchè dopo un anno e cinque mesi il giusto Imperatore Costantino manderà molte truppe in Egitto ed obbligherà gli Egiziani a che chiunque desideri adorare gli idoli paghi ogni anno tre libbre di oro, da introitarsi dal tesoro imperiale. Ed io ordinerò ai Re ed agli uffiziali che gliele facciano pagare in tributo pesante e con * p. 5 affanno e perdita e dolore e non siano * loro affatto indulgenti. E chi invece adora Gesù Cristo riceverà dal tesoro imperiale molti segni d'onore ogni anno; e vivranno (i Cristiani) in pace e tranquillità senza affanno e procederanno in calma nè darà loro molestia alcuno degli uffiziali nè dei principi. E chi molesterà quelli che adorano Cristo sarà la sua casa saccheggiata ed egli stesso sarà ucciso. In questa maniera verrà annullata l'idolatria dalla terra di Egitto; verranno chiuse le porte dei templi degli idoli e verranno aperte le porte delle chiese. Saranno edificati santuari e si eleveranno altari al mio nome a lode del Padre Mio e dello Spirito Santo. Io son Colui che ti ha protetto sino a questa ora, perchè tu hai servito i martiri miei santi. Ora lévati presto e va a Samnud e lotta per il mio nome! Io ti darò Michele Arcangelo che ti assista sin che compirai il tuo agone. Ed eccoti preparate tre corone : una per le elemosine che tu hai elargito ai poveri e per i tuoi puri digiuni; la seconda per le benedizioni di cui ti hanno benedetto i martiri e per le buone opere che tu hai fatto per loro; e la terza per lo spargimento del tuo sangue, che tu spargerai per il mio nome. La mia pace sia con te, o diletto di mio Padre e dello Spirito Santo!' Ed il Signore, così dicendo, appoggiò la mano sul corpo di Giulio e lo riempì di forza. Ascese quindi al cielo in grande gloria.

S. Giulio allora non si attardò affatto. Si levò al mattino e chiamò i suoi figliuoli Eucaristo e Teodoro. Disse loro : 'Ecco, figliuoli miei cari, voi avete visto la mia condotta, in tutto il mio tempo, e le buone opere che ho compiuto e come io abbia reso servigi ai santi (martiri) e scritto i loro Atti e celebrato i loro funerali e rinviato i loro corpi nei loro paesi. Quelli mi hanno benedetto molte volte nel nome del Signore dicendo : « Il Signore Dio misericordioso permanga con te e con la tua stirpe : e nes- * p. 6 suno dei tuoi * veda alcuna angustia sino alla terza ed alla quarta generazione! ». E poi ancora mi hanno benedetto i santi martiri dicendo : « Il Signore Dio ti chiami al santo agone perchè tu erediti con noi il regno dei cieli in eterno. » Ora quindi, figliuoli miei cari, custodite le anime vostre contro gli errori degli infedeli e l'adorazione degli idoli perituri; perchè ecco è prossima la fine di questo malvagio turbamento. E sarà glorificato il nome di Nostro Signore

Gesù Cristo in ogni luogo; e periranno gli idoli e saranno vani; e verranno svergognati quelli che li adorano e saranno guasti. Adesso io andrò al paese di Samnuḍ al servigio dei santi che il Signore mi ha comandato di compiere presto; e, a Dio piacendo, tornerò presto da voi. Altrimenti compirò quel che il Redentore mi dirà. Se Egli vorrà che io continui a servire i santi (martiri), sia fatta la Sua volontà. Soltanto voi prendete dai miei beni cento libbre di oro e duecento libbre di argento e datele per la costruzione della chiesa di questo paese, perchè la edifichino in esso dopo che il Signore avrà fatto calmare la persecuzione. E quel che resterà (del denaro) datelo ai poveri, alle vedove, agli orfani, agli infermi ed ai pellegrini perchè la benedizione dei santi sia nella mia casa. Io mi congedo da voi, figliuoli miei, nella pace del Signore perchè il tempo mi costringe assai ad andare'. Avendo detto ciò, il santo e beato Giulio abbracciò i figliuoli e tutti i suoi familiari, congedandosi da loro. Quelli piangevano amaramente per la loro separazione.

Partì allora S. Giulio e con lui andarono quattro suoi domestici, che lo seguirono di loro volontà, desiderando di non separarsi da lui per l'amore che gli portavano. Quando (S. Giulio) fu uscito dal paese di Alessandria, stese le sue mani e pregò dicendo : 'Mio Signore e Dio Gesù Cristo, che sei la via retta e la via dei giusti, io ti supplico e chiedo alla tua bontà, Signore mio, che, come io ho lasciate * * p. 7
aperte le porte di casa mia ed i miei figli ed i miei servi ed ogni mio avere ed ho cercato te; così tu non chiudermi in faccia le porte del tuo regno! Guidami alla porta della tua misericordia! chè tu sei misericordioso e clemente, buono e pietoso. Gloria sia al Padre, al Figlio ed allo Spirito Santo, ora e nei secoli dei secoli. Amen'. Quando S. Giulio ebbe detto questo, ecco venne una nuvola e portò lui ed i domestici che lo seguivano e li depose innanzi alla fila dei seggi dei magistrati del paese di Samnud, vedendoli (così) il prefetto e tutto il popolo. La preghiera di questo S. Giulio protegga e preservi da quelli che lo osteggiano il suo diletto Za-Walda Māryām e lo faccia entrare nel regno dei cieli! Nei secoli dei secoli. Amen.

Prima riunione nella quale giunse S. Giulio nel paese di Samnud e vi fu giudicato per amore di Cristo. La preghiera e la possanza della sua intercessione siano col suo diletto Za-Walda Māryām. Nei secoli dei secoli. Amen.

Quando Arqyānos vide così S. Giulio, ordinò ai suoi soldati che

lo conducessero a lui. Gli chiese il prefetto : 'Che è dunque questo tuo agire? E per quale miracolo mi sei apparso innanzi in questa azione prodigiosa insieme con i tuoi?' Rispose S. Giulio : 'Il mio agire è perchè mi ha qui mandato il mio Signore Gesù Cristo per annullare la tua vile credenza e darti la vita eterna'. Disse allora il prefetto : 'Dunque tu dichiari di essere Galileo. Già molti Galilei sono caduti nelle mie mani, ma non ho visto in loro una perfetta magia come questa tua per la quale sei venuto da me e mi sei apparso in questa figura. Adesso dunque lascia la tua religione di prima e vieni a prosternarti al gran dio Apollo e così vivrai.' Rispose S. Giulio : 'Ecco io ti ho detto che son venuto ad annullare la tua credenza abbietta e vile ed ad aprire per te
* p. 8 la via che ti porterà alla vita eterna'. * Gli disse allora il prefetto Arqyānos : 'Io ti proverò davvero in giudizio. Se tu resterai vivo e non morrai, mi convincerò che tu hai il potere di darmi la vita eterna. Ma dimmi chi sei tu e quale è il tuo nome e di qual paese tu sei'. Gli rispose il forte e puro martire Giulio : 'Io non ti rivelerò il mio paese nè il mio nome, sin che ti saranno aperte le porte della via che mena alla vita e sia tu salvo da cotesto errore pernicioso nel quale tu vivi'. Si adirò allora il prefetto assai ed ordinò che lo elevassero sul patibolo. Ed ancora ordinò a dieci uomini forti e robusti che gli torcessero il corpo, cinque da un lato e cinque dall'altro, sin che apparvero la sua carne e le sue ossa e scorreva il suo sangue a terra. Poi ordinò il prefetto che lo calassero di sul patibolo perchè era allora morto S. Giulio. Inoltre ordinò che accendessero un fuoco e bruciassero il corpo di lui. E così fecero sin che il suo corpo divenne cenere.

Il prefetto Arqyānos diceva nella sua superbia : 'O mentecatto, dammi la vita eterna!'. Quando poi il prefetto apprese che il corpo del santo era stato bruciato, dispose che se ne prendesse la cenere e la si spargesse al vento a lato del tempio degli idoli. E disse il prefetto al popolo che stava lì radunato : 'Ecco, avete visto che aveva detto di essere venuto per distruggere la credenza nostra e darmi la vita eterna. Ed invece è sparita dalla terra la sua vita e non avrà altra vita sulla terra'. Mentre il prefetto diceva questo, i servitori di S. Giusto parlavano tra loro : 'Su, moriamo anche noi dunque come il nostro signore Giulio! Tuttavia attendiamo ancora sino a domani per vedere quel che avverrà di lui'.

E, quando i soldati presero le ceneri del corpo di S. Giulio, le portarono su al tempio per spargerle al vento. Ecco venne un lampo ed un tuono e tenebre e pioggia molta. * Tremò il tempio * p. 9 degli idoli sin dalle fondamenta. E scappò il prefetto Arqyānos a casa sua per la paura; ed i soldati lasciarono le ceneri del corpo di S. Giulio al tempio e fuggirono.

CAPITOLO II

Ed ecco Nostro Signore Gesù Cristo scese dal cielo in un carro di luce e molti Angeli erano con lui e molti Martiri, il cui purissimo corpo era stato sepolto da S. Giulio. E tutti seguivano Nostro Signore Gesù Cristo sin che Egli giunse al tempio in cui erano le ceneri del corpo di S. Giulio. Il Redentore allora ordinò agli Angeli che portassero le ceneri del corpo di S. Giulio; e disse : 'Io ti aiuto, o mio eletto Giulio. Risuscita dalla morte; perchè tu apprenda che io ti creai donde tu eri : nei lombi di tuo padre.' Si levò allora S. Giulio come uno che si levi da tavola, pieno di letizia e di gioia; nè aveva in sè alcuna minima lesione. Ed i santi martiri, che erano venuti con Nostro Signore Gesù Cristo, si avvicinarono a lui e tutti lo abbracciarono dicendo : 'Benvenuto, fratello nostro carissimo! Salute a te ed al tuo bello agone; chè ormai si è compiuta la parola che di te fu detta e cioè che tu saresti stato enumerato nella nostra sorte e nella nostra vocazione. Benvenuto dunque a te, o apostolo dell'Evangelo, perchè degli Apostoli, che morirono, alcuni scrissero la passione vivificatrice di Cristo e tu, fratello carissimo, sarai computato nel numero di quelli, perchè tu hai scritto gli Atti ed i prodigi che il Signore ha fatto per noi. In verità tu sei un nuovo Giuseppe di Arimatea, che chiese al pretore Pilato il corpo di Nostro Signore e lo seppellì bellamente in belle vesti con soavi profumi. Così anche tu hai seppellito i nostri corpi con soavi profumi e li hai risposti in casa tua sin quando sia passato il tempo della persecuzione e sia venuta l'epoca della pace. In verità, o fratello nostro * buono, tutto quel che facesti per * p. 10 noi lo hai fatto a Nostro Signore Gesù Cristo. Perciò Egli ci ha portati con sè perchè noi assistessimo ai tuoi atti per il nostro amore per te. In verità, tu somigli per la tua vocazione all'Apostolo Luca, lo scrittore, e nell'agone somigli a Paolo Apostolo. E perciò sei stato chiamato : Evangelista, perchè hai scritto gli Atti dei

Martiri e la passione ed i tormenti che ricevettero. Ed inoltre curasti i loro corpi e li inviasti ciascuno al suo paese, spendendo molto denaro. Dunque, quando, o carissimo?; perchè la fatica è poco cosa ed il riposo è molto e l'agone passa presto e la letizia del regno dei cieli permane in eterno'. Ed i santi martiri, nel dire questo a S. Giulio, lo abbracciavano tutti.

Gli disse poi il Redentore : 'Va presto dal prefetto chè lo troverai nella piazza del tribunale; e, quando ti vedranno, molti di quelli lì radunati crederanno in me nelle tue mani e riceveranno la corona immarcescibile. Ed il prefetto stesso ti sgozzerà con le sue mani. Verrò io allora a prenderti; e, quando ti rivedranno vivo, crederà in me (il prefetto) con tutti i suoi familiari e scriverà le sue gesta e le tue e ti condurrà al paese di Athribis, dove lo decapiteranno insieme con sua moglie ed i figli e guadagnerà la corona immarcescibile. Tu poi sarai bruciato vivo e ti segheranno con una sega di legno; ma verrò io a resuscitarti dai morti. Sarai ancora giudicato da un giudice, che poi ti farà portare fuori del paese per condannarti ed io verrò a dirti quel che dovrai fare. La mia pace sia con te, o mio caro!' Così dicendo, il Redentore si congedò da lui, gli diede pace e forza ed ascese al cielo in grande gloria, lasciando S. Giulio in piedi nel tempio degli idoli a lodare il Signore sino al mattino.

Il mattino dopo andò Giulio, il santo, forte e davvero vittorioso
* p. 11 asceta, * alla piazza del tribunale e gridò dicendo : 'Vengo in tuo aiuto, o prefetto Arqyānos, levati e vieni a prendere la vita eterna, chè la tua missione sarà annullata e la tua carica sarà mutata sulla terra e toglierai per te una corona di gloria nei cieli'. Quando il prefetto l'udì, si meravigliò e fu pieno di paura. E diceva : 'Non è questo l'uomo di cui abbiamo bruciato il corpo, incenerendolo, ed io anzi ordinai che fosse sparsa (la cenere) al vento?' Gli risposero i soldati : 'Certo è proprio lui, signore'. E disse loro il prefetto : 'Fatelo entrare nel recinto perchè io parli con lui, perchè questo è un grande affronto alla gente di questo paese ed ai notabili (e temo) che non si sollevino perciò contro di me'.

I soldati introdussero S. Giulio presso il prefetto. Questi, quando lo vide, disse : 'Davvero riconosco che tu sei un grande maestro di arte magica. Ed ora ascoltami e fa quel che ti dirò, così sarai onorato presso di me'. Rispose S. Giulio : 'Dunque, di' quello che vuoi!'. Gli replicò il prefetto : 'Io voglio mandare a prendere Apollo e portarlo qui perchè tu gli baci la testa e dichiari che egli è Dio redentore : così sarai senza difetto presso di me. Non ci sarà alcuno presente eccetto che io, tu ed i miei soldati : questo mi basta'. Voleva S. Giulio mostrare un miracolo e (perciò rispose al prefetto : 'Se questa è la tua volontà, sta bene. Però raduneremo tutto il popolo sulla piazza perchè mi vedano quando io eleverò l'incenso agli idoli tuoi e facciano poi anche loro come me e venga in questo paese un prodigio ed una gioia grande. Manda dunque ora e fa venire i sacerdoti che adornino le loro vesti ed indossino anche le vesti del loro sacerdozio. E vadano al tempio degli idoli e ne arrechino settanta idoli con centoquaranta sacerdoti. E li conducano qui e, se tu comincerai il tuo discorso, * * p. 12 avverrà un gran prodigio innanzi a te'. Si rallegrò il prefetto assai; e si levò a baciare la testa di S. Giulio e gli disse : 'Ecco, hai calmato il mio cuore e la mia anima'. Subito ordinò che convocassero centoquaranta sacerdoti. E disse loro : 'Andate e vestite le vostre vesti ed ornamenti sacerdotali come voi fate nei giorni delle feste; e portate qui settanta idoli in gran corteo, perchè il mio amico veda la loro gloria e ad essi si prosterni : ciò che sarà per lui gloria e fama innanzi a questa assemblea.' E fece voto innanzi a tutta l'assemblea che gli avrebbe conferito il secondo grado. E quegli abbietti sacerdoti indossarono le loro vesti ed andarono al tempio degli idoli e portarono gli idoli sul collo. Di loro tutti uno portava l'idolo ed un altro gli andava innanzi col turibolo, sul quale era incenso di cui incensavano gli idoli, perchè li facesse giungere innanzi all'assemblea dal prefetto. Quando S. Giulio comprese che i sacerdoti erano arrivati a metà strada, pregò così : 'Signore mio Gesù Cristo, per la tua gran possanza ordina alla terra che spalanchi la sua bocca ed inghiotta quegli idoli ed i sacerdoti che sono con loro e non torni alcuno a vederli nuovamente sino all'eternità, affinchè sia glorificato il tuo santo nome in mezzo a questa assemblea!' E prima ancora che S. Giulio avesse finito questo discorso, ecco aprì la terra la sua bocca ed inghiottì i settanta idoli ed i centoquaranta sacerdoti. Essi scesero così nell'abisso e la terra tornò come era prima. Quando S. Giulio comprese che gli idoli erano sprofondati nell'abisso, disse al prefetto : 'Carissimo, è passato il giorno e si avvicina la sera; e pure i sacerdoti non sono venuti. Forse al cuore degli idoli non è piaciuto di andare con loro, perchè ormai il tempo è passato'. Si rallegrò assai il prefetto e si levò; ed andò al tempio degli idoli insieme con S. * p. 13 Giulio; e con loro * era tutto il popolo che li seguiva. Quando giunsero al luogo aperto, trovarono i messi e tutto il popolo che stava innanzi ad essi in paurosa meraviglia. Disse S. Giulio al prefetto : 'Interroga questi uomini che cosa fanno!'. Ed il prefetto chiamò i messi e disse loro : 'Dove sono i sacerdoti e gli idoli?' Risposero : 'La terra ha spalancato la bocca e li ha insieme inghiottiti. E d'ora in poi, noi tutti che tu vedi qui siamo palesemente cristiani, creature di Gesù Cristo, come quel forestiero'.

Si adirò fortemente il prefetto per la perdita degli idoli e dei sacerdoti. Aveva in mano una lancia e con essa trafisse il ventre di S. Giulio; e glielo spaccò; e (Giulio) morì subito. Lo lasciò (il prefetto) abbandonato sulla piazza del paese. Ed andò al tempio degli idoli in collera; e condannò i messi e tutti quelli che si erano là radunati, ordinando che venissero decapitati. Ed essi compirono il loro martirio in pace, essendo il loro numero di 439 anime. Ed ottennero da Nostro Signore Gesù Cristo la corona immarcescibile. Entrò allora il prefetto nel tempio degli idoli e lo trovò in rovina, nè c'era lì un solo dei settanta idoli. Mentre egli in cuor suo stupiva e si maravigliava e diceva : 'Io penso che questi (idoli) non hanno potuto aiutare sè stessi e salvarsi dallo sprofondare. Come mai allora potranno salvare altri?' Mentre egli pensava ciò, ecco scese il Redentore dal cielo e risuscitò S. Giulio dalla morte. Gli disse : 'Lévati e cammina in pace, chè ormai il cuore del prefetto è attirato alla fede e sta per diventare credente. Lévati dunque e va da lui; ed egli crederà nel mio nome nelle tue mani; e scriverà le tue gesta e le sue per bocca di un altro prefetto affinchè il prefetto di Athribis vi condanni. Tu ne avrai molta angustia e * p. 14 morirai tre volte per mano di Sufyānos, * komos di Athribis; ma io ti resusciterò e molti si convertiranno a me nelle tue mani. Lévati e va, carissimo, e la mia pace sia con te!'.

CAPITOLO III

Così dicendo, il Redentore lo abbracciò e lo riempì di forza ed ascese al cielo. Andò allora S. Giulio dove era il prefetto e gridava : 'O Arqyānos, ecco io ti dico che son venuto ad annullare la tua idolatria e ad aprirti la via che ti menerà alla vita eterna. Questo è il tempo che tu ti converta al Signore e comprenda che Egli è venuto'. Quando il prefetto Arqyānos vide che S. Giulio era tornato vivo, si prosternò ai piedi del martire e gli disse : 'Perdonami, signore, chè io ho peccato contro Dio e contro te, in verità; perchè gli animali muti riconobbero il loro Signore e lo glorificarono, mentre io invece non l'ho riconosciuto; anzi lo ho offeso con la mia malvagia azione; e non mi sono ricordato del suo nome nè gli ho creduto ed ho sparso il sangue (dei martiri). Ora io ti supplico, signor mio, che tu preghi per me perchè Egli mi faccia tornare nel suo gregge ragionevole e mi conti fra i Suoi eletti'. Lo incoraggiò S. Giulio, dicendo : 'Certo oggi è arrivata la salvazione nella tua casa'.

Si mossero allora e giunsero al palazzo. Il prefetto prese una carta e scrisse i suoi atti e gli atti di S. Giulio. « Io Māryās, prefetto di Farmā, scrivo a Sufyānos, prefetto di Athribis. Mi è stato narrato che Arqyānos, prefetto di Samnud, è diventato uno dei Galilei. Ha abbandonato l'idolatria ed ha ingiuriato la gloria degli idoli e la loro maestà. Ecco te lo mando insieme con un cristiano ribelle, che non ha voluto dirci il suo nome per suo malvagio consiglio. Questi è colui che fece sprofondare gli idoli nel paese di Samnud nell' abisso sottostante insieme con i centoquaranta loro sacerdoti, riuniti. * Dunque infliggi severamente, o Sufyānos, una buona * p. 15
condanna per loro. E, se non ti ascoltano, fa di loro quel che vorrai e condannali a grave pena, se non si ritrattano e non ti obbediscono; e se no, decapita con la spada lui ed il prefetto indegno della sua carica ed il figliuolo! E sta saldo, o fratello mio caro! Amen ».

Quindi sigillò la lettera e la consegnò al chiliarca. E gli disse : 'Vieni con noi al paese di Athribis, lì ci consegnerai al prefetto Sufyānos e te ne andrai. E noi crediamo che Gesù Cristo Nostro Signore ti darà (per questo) una buona mercede nel suo regno'. Ma anche quell'uffiziale stava pensando di morire pel nome di Nostro Signore Gesù Cristo; e, presa la lettera, andò col prefetto Arqyānos; e S. Giulio era con loro.

Quando giunsero al paese di Athribis, chiesero del prefetto. E lo trovarono che stava giudicando alcuni Cristiani del paese di Asyūṭ per il nome di Nostro Signore Gesù Cristo. E questi erano i loro nomi : Agata; ed il sacerdote Asṭakyos; il diacono Teodoro;

e la loro madre Sofia. L'intercessione di questo santo martire Giulio sia con lui e lo salvi dalle insidie di Satana nemico! e faccia pervenire nel porto di salvezza il loro diletto Za-Walda Māryām, che celebra l'anniversario dei martiri. Nei secoli dei secoli. Amen.

Seconda riunione, nella quale giunse S. Giulio nel paese di Athribis e fu condannato nel nome di Nostro Signore Gesù Cristo. L'intercessione di lui (S. Giulio) protegga il suo diletto Za-Walda Māryām. Nei secoli dei secoli.

Quando Sufyānos vide Stefano, il chiliarca, si turbò e pensò che il prefetto mandava dopo di lui. Si levò, stette innanzi a lui, lo prese per mano e lo fece sedere alla sua destra; non era stato ancora rivelato allora che l'Imperatore Costantino aveva annullata l'abbietta e vile idolatria. Quindi (l'altro) gli comunicò la
* p. 16 lettera ed egli la lesse e fece venire i santi e li fece stare innanzi * a lui. Disse quindi al prefetto Arqyānos : 'Tu dunque non hai colpa, chè sin ora hai costantemente amato gli Dei, come abbiamo trovato scritto. Ma questo è il ribelle che ti ha sedotto per distogliere il tuo amore per gli Dei. Ora io lo punirò, perchè egli ha insultato la nostra gloria ed ha distratto la tua mente dall'adorazione dei grandi Dei'.

Ordinò allora che crocifiggessero il santo asceta Giulio su di un albero ad oriente del paese. E lo lasciarono crocefisso sette giorni e sette notti sin che il suo sangue inzuppò la terra e seccò poi come un legno. Il settimo giorno venne un soldato e narrò al prefetto che quel miserabile era morto tre giorni dopo la crocefissione. E disse il prefetto : 'Deponetelo (dalla croce) e datelo ai cani che lo mangino!' I soldati allora lo deposero e lo gettarono alla campagna. E riunirono per lui i cani perchè lo mangiassero. I suoi domestici piangevano su di lui in amaro pianto. Fu allora tenebra e tutta la gente se ne andò a casa per la paura.

CAPITOLO IV

Scese dal cielo Nostro Signore Gesù Cristo — cui sia lode! — con S. Michele e S. Gabriele. Prese il Signore per la mano (S. Giulio) e gli disse : 'Lévati, o mio caro Giulio, e non temere! Io sono con te. E tu devi ancora morire altre due volte, oltre questa. in questo paese; ed io ti resusciterò. La mia pace sia con te!' E gli diede il saluto ed ascese al cielo e S. Giulio guardava a Lui.

Andò in quell'ora stessa S. Giulio alla piazza del tribunale, gridò e disse : 'O luogo del giudizio, ecco io son venuto a svergognare, per la possanza del mio Dio, te ed i tuoi Dei abbietti'. Quando il prefetto udì le parole di S. Giulio, ordinò che lo presentassero a lui. E gli chiese : 'Quale è il tuo nome e di qual paese sei? Perchè * ecco mi ha scritto Aberkos e mi ha detto di chiederti di dirmi il * p. 17 tuo nome'. Rispose S. Giulio : 'Ditemi di voi, o uffiziali delle tenebre! Quando i santi di Cristo vi dicono i loro nomi, li scrivete voi dunque sulla tavola e li appendete nei santuari dei vostri Dei, come chi abbia sollevato (loro) incenso. Perciò io non ho mai detto il mio nome ad alcuno fin ora. Ma se Dio vuole chiamarti, anche te, al suo ovile, allora io ti dirò il mio nome. Ecco è vicina la salvazione vostra e di tutto il vostro paese : chè il Signore mi ha annunziato che dopo questo anno il giusto Imperatore Costantino svellerà le radici dell'idolatria in tutto il mondo in pieno. E tu, prefetto Sufyānos, dovrai conoscere Cristo e morirai per il suo santo nome'. Rispose Sufyānos : 'Vivano gli idoli! perchè tu mi fai cotesto discorso temendo della condanna. Se Costantino fosse alieno dall'idolatria non ci avrebbe scritto di tornare alla nostra missione. Dunque lascia stare quel discorso ed adora i miei venerandi idoli!' Gli disse S. Giulio : 'Io ti dico che non mai abbandonerò il mio Signore Gesù Cristo per adorare i tuoi idoli diabolici'. Chiese Sufyānos : 'Sono dunque diavoli gli Dei che noi adoriamo? Ma allora io ti punisco per aver ingiuriato gli Dei'.

Ordinò quindi che portassero un gran ceppo di ferro, nel quale erano, da ambo i lati, punte che spezzavano le ossa e recidevano le membra. E disse a S. Giulio : 'Giuro per i miei Dei amatissimi che io ti spezzerò le ossa, perchè tu mi hai insultato ed hai detto : tu adori i diavoli'. Quando S. Giulio udì ciò, rise e disse al prefetto : 'Questa tua condanna il mio Dio la vincerà con la sua forza e mi farà risanare; * perchè Egli salva i credenti che in Lui * p. 18 confidano e patiscono per il Suo santo nome. Affrettati dunque, o Sufyānos, perchè si approssima il tuo agone'. Quando il prefetto intese ciò, ordinò che gli legassero mani e piedi; e disse di gettarlo nel ceppo e stringerlo. E fu fatto a S. Giulio quanto l'empio (prefetto) aveva comandato. Tutti i presenti lì udirono lo spezzarsi delle sue ossa fra loro, come si frantumano i vasi di coccio quando si rompono; e furon guaste tutte le membra di lui e peste le sue ossa come terreno calpestato. Gridava il prefetto e diceva : 'Vivano gli Dei! Ecco, sono peste le sue belle membra. Dove è ora quel Gesù, suo Dio, che doveva venire a salvarlo dalle mie mani?' Ciò detto, se ne andò e lo lasciò nei ceppi, scorrendo il sangue in terra come acqua. E, quando passò il prefetto, lampeggiò e tuonò e fu tenebra nel mezzo del giorno.

CAPITOLO V

Ed ecco Nostro Signore Gesù Cristo scese dal cielo, seguito da migliaia di Angeli. E stette sul ceppo entro il quale si trovava il corpo di S. Giulio e lo chiamò con la Sua divina parola: 'Levati dal sonno, Giulio carissimo, e riconoscimi : sono Colui che ti ha plasmato e creato'. Subito fu liberato S. Giulio dal ceppo e si levò in pace col volto pieno di gioia, come di uno che si levi da cena. Quando vide Nostro Signore Gesù Cristo, gli si prosternò e gli disse : 'Ti prego, Signore, di fortificarmi. Come hai distrutto gli idoli di Samnud ed i loro sacerdoti, così distruggi anche questi'. Gli rispose il Redentore : 'Io ti annunzio, o carissimo, quel che ti farà il prefetto. Va dunque domani alla piazza del tribunale e ti vedrà tutto il popolo e grideranno : Anche noi siamo cristiani! * p. 19 Quando (il prefetto) sentirà, li farà decapitare. E, visto che * molti del popolo saranno stati uccisi, si adirerà molto contro di te per causa loro ed ordinerà che seghino il tuo corpo con la sega delle legna. Io poi verrò e ti resusciterò e farò che l'Arcangelo Michele ti aiuti e compia per te quanto tu avrai nel cuore. Sta forte e non temere! La mia pace è con te. Amen'. E così dicendo, il Redentore lo abbracciò ed ascese al cielo in grande gloria.

CAPITOLO VI

S. Giulio andò dai santi, che erano nelle carceri, e scriveva tutta la notte le loro gesta. Al mattino si levò il santo e venne alla piazza del tribunale. E gridava : 'Ecco, son venuto, o Sufyānos prefetto, e con me è Gesù Cristo'. E quando il popolo scorse S. Giulio, gridarono tutti : 'Noi siamo Cristiani e crediamo nel Dio di questo S. Giulio'. Il prefetto ordinò ai suoi soldati che li attaccassero e li uccidessero. E quelli li uccisero a cominciare dall'ora terza sino all'ora ottava. L'aria era piena di Angeli che ponevano le corone sulle teste dei santi (martiri). Il numero degli uccisi in quel giorno fu di 2140 anime, oltre ai due domestici di S. Giulio. Compirono il loro martirio il 27 (del mese) di *ṭerr* ed ascesero al cielo presso Cristo, che essi amavano.

Quando il prefetto Sufyānos vide la moltitudine numerosa degli uccisi, si adirò assai allora contro S. Giulio e disse al suo vicario Alessandro : 'Tra pochi giorni tutto questo paese sarà cristiano per i sortilegi di quell'uomo'. Rispose Alessandro al prefetto : 'Quello conviene segarlo con una sega da legname, perchè egli fu la causa dello spargimento di sangue di questo popolo'. Allora il prefetto ordinò che facessero venire S. Giulio affinchè lo torcessero nel torchio * e lo segassero a metà con la sega delle * p. 20 legna e lo facessero in due pezzi. E così gli fecero. E diceva il prefetto al suo vicario Alessandro : 'Dove sono i sortilegi di quel miserabile? Faccia venire dunque Gesù Dio che lo salvi da questa amara morte che ho data a lui'. E, dopo che ebbe fatto questo, comandò ai suoi soldati che ne portassero il corpo e lo gettassero fuori della cinta del paese. Quindi se ne andò il prefetto a pranzo con i suoi notabili. Inoltre ordinò ai sacerdoti che adornassero i templi degli idoli con rami di palme ed anche con rami di altri alberi ed accendessero dentro i templi molte lampade. E con patene anche li adornarono di ogni ornamento. Poi chiusero le porte e se andarono alle loro case.

CAPITOLO VII

Quando fu la mezza notte, ecco Nostro Signore Gesù Cristo Redentore scese dal cielo e stava, sopra una nuvola, dove era il corpo di S. Giulio e diceva a S. Michele : 'Prendi quelle membra, che sono il corpo del mio caro Giulio e riattaccale l'una all'altra'. Michele fece come il Redentore gli aveva ordinato. E disse il Redentore con la Sua divina parola : 'Svegliati dal sonno, o Giulio!' Si levò allora S. Giulio dalla morte come uno che si svegli dal sonno; e si prosternò innanzi a Nostro Signore Gesù Cristo Redentore, dicendo : 'O mio buon Signore, io desidero che Michele mi faccia entrare nel tempio degli idoli, che è chiuso, perchè io faccia là dentro come vorrò'. E disse il Signore a S. Michele : 'Va con il mio caro Giulio perchè egli compia quel che ha nel cuore, la gloria del mio nome santo, per le sue mani'. E, ciò avendo detto il Redentore a S. Giulio, gli diede il saluto ed ascese al cielo in grande gloria.

* p. 21 Disse S. Giulio all'Arcangelo S. Michele : * 'Ti prego, signor mio, che tu proceda con me sino al tempio degli idoli perchè io compia lì dentro quel che vorrò'. E l'Arcangelo Michele andò con lui al tempio degli idoli, che fu da loro trovato fortemente chiuso. Lo toccò Michele e caddero i chiavistelli e si aprirono le porte. Entrò Michele e S. Giulio con lui. Quando vide gli apprestamenti del tempio degli idoli e la luce delle lampade, S. Giulio disse a S. Michele : 'O Signor mio, sta con me sin che io abbia mutato le loro luci in tenebre. E. desidero anche che tu tagli le teste degli idoli e le lasci in questa casa, mentre i loro corpi tu farai sprofondare negli abissi della terra sin che non appaiano più'. Allora S. Michele tagliò le teste di tutti gli idoli, lasciandole nel tempio; ed il corpo degli idoli la terra spalancò le sua bocca e li inghiottì. Andò poi S. Giulio a prendere della cenere e strofinò il volto degli idoli sin che diventarono neri e simili a volto di schiavi negri. Poi si accostò ai rami di palme ed ai rami di albero e li bruciò tutti. Tornò poi e ruppe le lampade e fiale che avevano accese. E mise in rovina il tempio degli idoli e lo spogliò. Uscì l'Arcangelo con lui e chiusero le porte, come erano prima. Disse S. Giulio a S. Michele : 'O mio signore, il Redentore Gesù Cristo mi ha annunziato che quest'anno sarà divelta la radice dell'idolatria da tutto il mondo. E gli idolatri saranno uccisi e periranno. Ora io desidero che tu rovini ogni luogo in cui ci sono idoli e non si trovi più alcuno che adori gli idoli sulla terra'. L'Arcangelo Michele gli rispose : 'Ecco, tu hai ottenuto questo da te nel paese di Samnud dove hai distrutto gli idoli coi loro sacerdoti al completo ed hai convertito alla religione il prefetto coi suoi familiari. Poi anche in
* p. 22 questo posto (Athribis) hai rovinato * i loro idoli; e domani quando il prefetto ti rivedrà vivo e scorgerà la rovina dei suoi Dei, crederà in Gesù Cristo; ed andrà insieme con Arqyānos ed il chiliarca che ti ha portato qui. Essi andranno ad Enṣenā e lì compiranno il loro agone per mano del prefetto Aryānos di Enṣenā e Behnesā. Dopo il compimento del loro martirio e lo spargimento del loro sangue per mano sua, (anche il prefetto Aryānos) crederà in Gesù Cristo e morirà per il nome del Signore. E d'ora in poi di' pure

loro il tuo nome perchè glorifichino Cristo per te. Dopo ciò verrà un forte principe da parte dell' Imperatore; andrà ad Alessandria ed incarcererà i prefetti e li porterà dall'Imperatore; chiuderà le porte dei tempi degli idoli ed aprirà le porte delle chiese in tutti i paesi e contrade. Manderà a tutte le città che facciano così e sarà glorificato il nome di Gesù Cristo in ogni terra. E quando si compirà quel che ti ha detto Gesù Cristo, verrà Egli stesso a dirti quel che dovrai fare'. Ciò detto, l'Arcangelo salì al cielo in grande gloria. Quando S. Giulio ascoltò queste parole da S. Michele, molto si rallegrò per la rovina degli idoli.

Poi si levò ed andò alle carceri dai santi (confessori) e narrò loro tutto quanto gli aveva detto l'Angelo del Signore circa la fine dell'idolatria. Gli disse uno dei santi (confessori) : 'O mio buon padre, questa notte il Signore mi ha così parlato : O mio eletto Akelobes, ecco Giulio di Aqfāḥs libererà tutti i prigionieri che sono in carcere in questo paese ed in tutti i paesi in cui c'è la persecuzione. Egli ti manderà a Budir, che è il tuo paese. E per i tuoi due fratelli abbi pazienza perchè io li custodirò in ogni prova; ed ho preparata per voi la corona del martirio. * Ed ora, * p. 23 o fratello nostro, non ci dimenticare!' Rispose S. Giulio : 'Ecco io ho qui due miei domestici. Ordinerò loro che non si dipartano da voi sin che piaccia al Signore di compiere tutto quanto ci ha detto'. Così dicendo, si congedò da loro ed uscì verso il tempio degli idoli. E stette lì in un posto separato egli solo sin che si riunisse il popolo a guardare che era avvenuto.

All'indomani si mosse il prefetto Sufyānos con i notabili e venne alla piazza ed ordinò al banditore di fare questo bando in tutto il paese : 'Se qualcuno non viene al tempio degli idoli per festeggiare Esculapio con sua madre Torā nel giorno della loro festa sarà bruciato vivo'. Si riunì allora tutto il popolo e neppure uno ne rimase indietro. Vennero al tempio degli idoli; ed il prefetto disse ai notabili : 'Giuro, per la verità degli idoli, che i cani hanno divorato quello straniero Galileo di cui ignoriamo il nome. Ora entriamo nel tempio degli idoli per adorare gli Dei venerandi e compiamo i loro uffici'. Allora indossarono le vesti di cerimonia i sacerdoti degli idoli ed andarono innanzi al prefetto con i turiboli pieni di incenso. Giunti alla porta del tempio degli idoli, la trovarono chiusa come era prima; ed, entrati, trovarono le teste dei loro Dei, gettate

nel fossato ardente, e con i volti neri ed imbrattati di cenere. Trovarono anche i rami delle palme e degli alberi bruciati e le lampade spezzate; ed il tempio dei loro Dei assai guasto a grande scorno dei loro Dei. Gemette il prefetto e per la vergogna non sapeva che dire. Ed ecco S. Giulio entrò col popolo e si finse come uno che si meravigli di un fatto accaduto. Si avvicinò al prefetto e gli disse: 'Che è capitato ai vostri Dei? Non era oggi la loro festa? Chi ha
* p. 24 fatto loro così? * Perchè non hanno protetto il loro tempio, tanto che hanno fatto loro questo? Dove è il loro corpo? Cercateli dunque! E come li troverete? Giuro per il mio Signore Gesù Cristo che ora si è perduta la vostra speranza; e chi vi aiuterà ora? Se i vostri Dei non hanno protetto le loro teste nè hanno potuto nasconderle, tanto che è stato loro fatto questo oltraggio, essendo state tagliate le loro teste e rubati i loro corpi ed anneriti i loro volti ed unti di cenere e fatti come ladri sacrileghi, come mai essi potranno aiutare voi e salvarvi? E che farete voi quando ogni anima riceverà la mercede di quel che avrà fatto?' Quando S. Giulio disse queste parole, gridò tutto il popolo che era nel tempio degli idoli: 'Uno è il Dio dei Cristiani Gesù Cristo. Egli è glorificato dovunque e sono stati svergognati gli idoli e sono bruciati gli Dei; ed ognuno in lui crede'. Gridarono anche il prefetto ed il chiliarca: 'Uno è il Dio dei Cristiani: Gesù Cristo, e non c'è altri che Lui'. Sufyānos chiamò S. Giulio e gli si prosternò e gli disse: 'Tu sei colui che hai arrecato male agli idoli. Io ti scongiuro per la forza invincibile del tuo Dio Gesù Cristo, che ha svergognato tutti gli Dei di questo paese, che tu mi dica il tuo nome, perchè io ho visto che una grande gloria ti circonda da parte di Dio'. Gli rispose il santo e beato Giulio: 'Dacchè tu hai conosciuto la grande possanza del mio Dio, ti dirò il mio nome; ma desidero che tu chieda a quei sacerdoti: Chi è colui che ha svergognato gli idoli ed ha fatto loro questo? Se essi ti risponderanno: È la possanza di Cristo! tu allora risparmiali e non affliggerli! Se invece vedrete che essi vogliono ancora ingannarvi con perniciosi discorsi, il Signore ti comanda che tu li tratti come i loro idoli e cioè li faccia perire'. Chiamò Sufyānos tutti i
* p. 25 sacerdoti e chiese loro: * 'Che dite voi degli Dei? Chi li ha rovinati?' Risposero: 'Non addolorarti per loro, o signor nostro! Troverai un mago che è entrato nel tempio degli Dei ed ha fatto questi

danni. Ma tu pazienta e noi ne faremo un altro maggiore di questo'. Disse allora il prefetto al popolo : 'Quelli di voi che hanno creduto : se alcuno ama Cristo, agirà contro questi nemici di Cristo'. Allora il chiliarca ed il popolo presero le teste degli idoli e lapidarono con esse i centoquaranta sacerdoti degli Dei sin che uscirono le loro anime e perirono. Altri poi demolirono il tempio degli Dei addosso ai sacerdoti ed agli idoli sin che nulla più se ne vide.

Quindi il prefetto chiuse le porte del tempio degli idoli e se ne uscì col popolo, glorificando Nostro Signore Gesù Cristo. Entrato nel paese, mandò a convocare il prefetto Arqyānos e gli disse : 'Benedetta sia quell'ora in cui tu sei giunto nel mio paese con questo dotto di arti magiche che guarisce le ferite dell'empietà. Egli ci ha dato la medicina di salvezza perchè noi conoscessimo il Creatore ed a Lui ci prosternassimo'. Fecero poi venire S. Giulio e gli dissero : 'Ti chiediamo che tu ci dica il tuo nome benedetto e santo'. Rispose il santo : 'Io sono Giulio di Aqfāḥs, ausilio e soccorso di quelli che sono in tribolazione, e letificatore degli addolorati'. E quando Sufyānos, il *komos,* ed Arqyānos, il prefetto, intesero che egli era Giulio di Aqfāḥs caddero col volto (in terra) e saltarono via per la paura; e gridavano dicendo : 'Tu sei il nostro signore, padre dei Re e loro favorito e consigliere verace; perchè noi abbiamo sentito di te che sei stato per loro sempre consigliere di bene. E nessuno di loro ti ha mai costretto a fare alcuna cosa contro la tua volontà. O signor nostro, dove è la gloria del tuo grande potere * e le tue molte ricchezze e i tuoi servi? Tu * p. 26
invece cammini qui solo! Perchè quelli che ti conoscono ci hanno raccontato che tu hai grande copia di oro e di argento innumerevole. Ora noi ti preghiamo, signor nostro, che tu ci perdoni tutto quanto abbiamo fatto contro di te per amore di Cristo. Noi non abbiamo avuto questa nostra carica che nel presente anno. E perciò non conoscevamo la tua gloria'. Quando essi così gli dissero, rispose loro S. Giulio : 'Siate forti e non temete perchè il Signore mi è apparso mentre io ero in Alessandria a casa mia e mi ha ordinato di venire da voi ad affrontare quei tormenti per il Suo santo nome. E di voi, poi, mi ha detto che dovrete credere nel Suo santo nome. Ora partite con il chiliarca Stefano verso il paese di Enṣenā dal prefetto Aryānos; confessate Nostro Signore Gesù Cristo ed il prefetto vi farà decapi-

tare con la spada. Riceverete (così) la corona immarcescibile ed il perdono dei vostri peccati; chè quello è il luogo che il Signore ha preparato per voi perchè voi compiate in esso la vostra carriera. E, come voi avete creduto nelle mie mani, così il prefetto Aryānos crederà in mano vostra. Questo mi ha annunziato il Signore e ve lo ho detto'. Allora quelli si levarono e, congedatisi da lui, se ne andarono via, glorificando il nome di Nostro Signore Gesù Cristo.

CAPITOLO VIII

Dopo ciò, il Signore mandò l'Arcangelo Raffaele nella città di Alessandria in figura di uno dei domestici che seguivano S. Giulio; e con lui (Raffaele) erano anche (altri) Angeli. Si accostò egli ad Eucaristo e Teodoro, figli di S. Giulio, e disse loro : 'Vostro padre vi abbraccia e vi dice di affrettarvi a compiere quanto egli vi ha scritto in questa lettera'. E quando essi aprirono la lettera, trovarono in essa il seguente scritto : « Mandate al più presto da me i * p. 27 miei domestici * insieme con mio fratello Yonyās e mio figlio Teodoro e quattromila denari perchè io li dia per un servizio che il Signore mi ha affidato da compiere. Bada, o Eucaristo figlio mio, di fare tutto quanto ti ordino e, quando avrai liberato tutti i santi martiri che sono nelle carceri, óspitali e servi loro sin che Dio vorrà far rientrare ognuno al suo paese ed alla sua casa. E fa bei funerali, con onore, al corpo di quelli che sono morti e deponili in casa tua come quando io stavo con te. Fa' mangiare gli affamati, vesti gli ignudi, e la tua casa sia la dimora dei poveri e dei viandanti e degli infermi! Inoltre visita gli ammalati; costruisci le chiese al nome dei Santi perchè la loro benedizione sia con te e tu ottenga la grazia che Dio il Signore Nostro Gesù Cristo ha predisposta per me, per mio fratello Yonyās, per tuo fratello Teodoro e tutti i miei domestici. Sia quella (grazia) per noi e per te insieme presso Dio! Custodisci la tua anima ed io verrò presto da te a gloria di Gesù Cristo, il grande Re. Questo ti scrivo, o figlio mio caro e sta sano nel Signore! Amen. »

CAPITOLO IX

Quando (Eucaristo) ebbe letta la lettera, riunì tutti i domestici grandi e piccoli che trovò nel paese. Fu il loro numero di 1300 e questi sapevano scrivere bene : erano quelli che stavano con i martiri e ne scrivevano gli Atti in tutti i paesi. (Eucaristo) ne lasciò 300 presso di sè e mandò gli altri mille insieme con Yonyās, suo zio, e Teodoro, suo fratello.

Mentre S. Giulio stava in carcere, scriveva gli Atti di tutti i martiri ad uno ad uno. Ed ecco gli apparve l'Arcangelo Michele e gli disse : 'Levati presto e libera i santi (confessori) che sono legati in carcere in questo paese! Da'loro * il necessario e mandali * p. 28 al loro paese in letizia, ad eccezione di quel vecchio di Buṣir e dei due fratelli di lui. Dei tuoi domestici, poi, trattieni uno presso di te; e l'altro vada con loro! E tu va nel paese di Niqyos e troverai sullo scalo del paese molte navi, sulle quali sono montati i tuoi domestici e tuo fratello e Teodoro tuo figlio. Costoro sono stati chiamati dal Signore a compiere il loro servizio insieme con te. Andato colà, troverai il prefetto Teofane, come egli è andato a Ṭawā a visitare suo fratello Alessandro. Sbrígati e libera i santi incarcerati e mandali a loro paesi, ad eccezione di quel vecchio sacerdote di nome Giacomo e di quei due diaconi Absengos e Awsgenyos che sono delle genti di Sakā. Quelli andranno con te là. E, quando sarai andato, il Signore ti si rivelerà e ti annunzierà quel che dovrai fare'. Ciò detto, l'Arcangelo ascese al cielo in grande gloria.

Ed il beato martire ed asceta Giulio fece uscire tutti i santi (confessori) che erano nelle carceri nel paese di Athribis. Ne trovò in numero di 222. E ne trovò di quelli cui si era gonfiato il corpo per le molte ferite di cui li avevano colpiti. Mandò il santo a comprare molto vino ed unguenti e lavò tutte le loro piaghe e li guarì. Li servì così per sette giorni sin che si ristabilirono in salute. Li rimandò poi ai loro paesi in letizia, dando a ciascuno di essi venti denari per le loro necessità. Ed i santi del paese di Buṣir : Kolonyos ed i suoi due fratelli erano vecchi. Ed egli (Giulio) ordinò al suo servo Ammone che li accompagnasse sino al loro arrivo a Buṣir. Li accompagnò e li lasciò presso Paesi ed i suoi fratelli che si occupassero di loro, chè non avevano alcuno che li curasse e desse loro il necessario. Ritornò quindi Ammone, servo di S. Giulio, e trovò * il suo padrone, come aveva trovato molte * p. 29 navi venute da Alessandria. Li interrogava S. Giulio : 'Che vi è accaduto e che vi ha fatto venire?' E Teodoro, suo figlio, gli narrò tutto quanto era capitato loro e come fosse loro stata consegnata una lettera di lui (Giulio). Quando S. Giulio sentì questo, glorificò il Signore. E, quando fu l'ora terza, montò su di una grande nave, insieme con suo fratello e suo figlio e con molti dei suoi domestici e molti del popolo di Niqyos. E parlava con loro dei prodigi che il Signore aveva compiuto per i santi martiri. Quando i notabili del paese videro S. Giulio, uscirono tutti a riceverlo, onorandolo e prosternandosi a lui. Il santo ringraziava il Signore per la grazia concessagli. E chiedeva a quelli del paese : 'Dove è il prefetto Teofane?' Gli risposero : 'È arrivato da lui Alessandro che è ammalato e presso a morte. Ed egli (Teofane) ha preso con sè tutti i suoi soldati ed i suoi familiari ed è andato da lui. Ed ecco ha rovinato tutto il paese per l'adorazione degli idoli abbietti. E ci sono molti in carcere, il cui corpo è gonfio per i molti tormenti che (il prefetto) ha loro inflitto e li ha fatti colpire per il nome di Nostro Signore Gesù Cristo'. Quando S. Giulio sentì questo, disse loro : 'D'ora in poi egli non tornerà mai più qui; e gli idoli non appariranno più sulla terra; perchè il Signore ha flagellato Diocleziano e gli ha accecato gli occhi e lo ha espulso dal suo palazzo imperiale. Egli ora chiede l'elemosina alle porte del paese di Antiochia. Ed (il Signore) ha stabilito nell'impero Costantino, giusto imperatore, che svellerà la radice degli idoli in tutto il mondo'.

Entrò allora S. Giulio nella prigione per visitare i santi (confessori). Quando lo videro, si rallegrarono e dissero : 'Fratello nostro carissimo, pace alla tua venuta presso di noi che ci riempie
* p. 30 di gioia! * Che faremo, o padre nostro santo? perchè non ci fu possibile di compiere il nostro agone per ricevere la corona'. Ed il sacerdote Giacomo ed i diaconi Abtāngos ed Awsgenyos, del paese di Sakā, dissero a S. Giulio : 'O nostro buon fratello, ecco il Signore ci ha detto di non separarci da te sin che giungeremo tutti noi al Suo (celeste) convito'. Quindi S. Giulio fece uscire tutti i santi (confessori) che aveva trovato in carcere. Il loro numero fu di 435 anime; e Sofia, del paese di Sanḫur e la sua figlia Irā'i. E non trovò alcuno di essi in buona salute corporale : alcuni di essi erano mutilati di mani e di piedi; altri di loro erano accecati; alcuni avevano il corpo indebolito dalle torture loro inflitte. E con tutto ciò ringraziavano il Signore che li aveva fatti degni di

soffrire ed esser puniti per il suo santo nome. Disse loro S. Giulio : 'Se lo credete opportuno, mi narri ciascuno di voi il suo agone, la sua fatica e le sue gesta perchè io le scriva e le mandi ad Alessandria ad Eucaristo mio figlio affinchè siano, presso di lui, di benedizione a chi le leggerà'. Gridarono allora tutti i santi (confessori) ad una voce : 'Il Signore che vive in eterno, Egli che ci ha fatto degni di questo santo invito scriva il tuo nome nel Libro di Vita sino alla sesta ed alla settima generazione'. Cominciava S. Giulio a scrivere i loro Atti.

C'era fra loro *abbā* Abrehām, vescovo del paese di Manuf, che era stato sette anni e cinque mesi nelle pene, ed il Signore gli aveva accordato tre corone senza spargimento di sangue : una (corona) per la sua purità ; la seconda per il suo sacerdozio e la terza per i tormenti che egli aveva ricevuto per il santo nome (del Signore). Un altro era il vecchio Ammonio, egumeno del paese di Ḥangēr, e vergine ; ed il diacono Teodoro del paese di Saṭnuf ; ed Ammone e suo fratello Aryon * e Giorgio ed Isacco delle genti di Dāhturā ; * p. 31
ed Andrea e Giacomo delle genti di Awon. E non possiamo citare i nomi di ciascuno di essi. Lavò (S. Giulio) le piaghe a tutti e, comprati abiti degni, glieli fece indossare. Ed ordinò ai suoi domestici che riportassero ciascuno di essi al proprio paese. Tutti quei santi benedissero S. Giulio e se ne andarono ai loro paesi.

Quindi disse il santo (Giulio) a suo figlio Teodoro ed a suo fratello Yonyās ed al suo genero Astākyos ed al suo intendente Ammonio : 'Fratelli miei, levatevi e preghiamo il Signore chiedendogli che ci guidi per lo via dove andremo e compiamo il Suo comandamento per il quale ci ha fatti venire'. Mentre essi pregavano, apparve Nostro Signore Gesù Cristo a S. Giulio e gli disse : 'Salute a te, carissimo ! Salute a te, protettore di tutti i santi (confessori), o nuovo Luca, terzo degli Evangelisti, scrittore degli Atti dei Martiri per farli predicare in tutto il mondo. In verità tu hai adempiuto tutti i precetti che io ordinavo nel Vangelo quando dissi : « Ero affamato e mi avete dato da mangiare ; ero assetato e mi avete dato da bere » ed il seguito di queste parole. Ma particolarmente è stato grande il tuo amore per i viandanti che tu hai ospitato presso di te e li hai nutriti dalle tue fatiche. Ed anche gli infermi tu visitavi e consolavi delle loro pene. Ed ora, carissimo, è vicino il tempo che io ti dia la mercede della tua fatica

che tu hai patito per il mio nome'. Rispose S. Giulio : 'O Signore mio buono, che vuoi che facciamo io ed il tuo servo Teodoro mio figlio e Yonyās mio fratello e quelli (altri) che tu hai fatto venire da Alessandria per tuo ordine?' Rispose Nostro Signore : 'Ho deciso che dei tre paesi che erano immersi nell'idolatria neppur un solo uomo di essi torni a prosternarsi agli idoli mai più, perchè sia in essi glorificato il mio nome. Lévati e va nel paese
* p. 32 di Ṭawā presso Alessandria, perchè * lì troverai molte navi che hanno lì ancorato; ed, in mezzo a loro, molti uomini che desiderano morire per il mio nome ed egli non ha voluto ucciderli. Quando andrai colà, sguaina la tua spada e così tutti i tuoi servi sguainino le loro spade con te come se voi voleste ucciderlo. Egli allora temerà e li condannerà e li decapiterà. Allora i santi usciranno dalle carceri e saranno decapitati e compiranno il loro agone il 21 del mese di *ḥamlē*. Ed io verrò con i miei Angeli e farò ascendere le loro anime al cielo in grande gloria ed imporrò loro la corona immarcescibile. Tu poi resta in quel paese sino a che saranno tornati i tuoi domestici dai luoghi dove sono andati ad accompagnare i confessori. Dopo che avrai scritto gli Atti di quelli che saranno allora uccisi, verrò io a dirti come dovrai compiere il tuo agone'.

CAPITOLO X

Ciò avendo detto il Redentore a S. Giulio, gli diede la pace ed ascese al cielo in grande gloria. Quando S. Giulio arrivò al posto di cui Nostro Signore gli aveva parlato, vide un uomo cieco da entrambi gli occhi ed in lui dimorava uno spirito maligno che gli faceva recidere con i denti le sue proprie membra. Quando (lo spirito maligno) vide S. Giulio uscì da quello, gridando : 'Tu sei beato, o face splendida di tutti i santi, chè per te sarà glorificato tutto il mondo e per i santi martiri di cui tu hai predicato i patimenti in tutto il mondo. O uomo pietoso, ecco in tutto il mondo le chiese sono piene delle reliquie dei martiri che tu hai mandato alla loro dimora. Io giuro per la gran possanza, che con te si muove, che di molto si è ristretto il mio lavoro da che tu sei arrivato in questo paese. Ma io me ne uscirò e me ne andrò a stare in R e f o s sin che
* p. 33 verrà qui e tu lo guarirai. Ed anche egli crederà in * Cristo e si asterrà dal condannare i santi martiri'. Ciò avendo detto, lo spirito abbietto uscì via da quell'uomo come fiamma di fuoco.

E. S. Giulio prese per mano quell'uomo e lo sollevò e gli pose la mano sugli occhi dicendo : 'O mio Signore Gesù Cristo che mi hai fatto degno di entrare nella tua eredità e di ottenerne la mia quota insieme con i tuoi martiri purissimi, accogli la mia preghiera, o mio Signore e Dio, come quella dei santi martiri e ridà a questo cieco che veda la luce'. Ciò detto, S. Giulio segnò gli occhi del cieco col segno della Croce, dicendo : 'In nome del Padre, del Figlio e dello Spirito Santo, Dio unico'. Allora quello vide e glorificò il nome di Nostro Signore Gesù Cristo e ringraziò S. Giulio.

S. Giulio rimase nel paese di Niqyos un mese e cinque giorni per fare i funerali ai santi martiri. Alcuni di essi li rimandò al loro paese ed altri invece li depose in luogo puro. Poi il nove del mese di *ḥamlē* si riunirono presso di lui i suoi domestici, ritornati dai paesi dei martiri dove li avevano accompagnati. E. (S. Giulio) ordinò loro che preparassero le navi per lui ed i suoi compagni tutti : in totale il loro numero fu di 1530 anime. Tutti montarono sulle navi ed il santo montò con loro. Giunse così al paese di Ṭawā, glorificando il Signore. La preghiera di questo martire Giulio protegga dalle insidie di Satana pernicioso il suo diletto N. N. e lo gratifichi di clemenza! Nei secoli dei secoli. Amen.

Terza assemblea alla quale partecipò S. Giulio nel paese di Ṭawā. Egli vi fu condannato per il nome di Nostro Signore Gesù Cristo e compì così il suo buon martirio. La sua preghiera e la grazia del suo aiuto siano col suo diletto N. N. in ogni tempo! Nei secoli dei secoli. Amen.

Quando giunsero nel paese di Ṭawā, trovarono lì una nave piena di * gente, venuta da ogni luogo, che voleva morire per il * p. 34
nome di Nostro Signore Gesù Cristo. Ed il popolo, avendo inteso della venuta di Giulio, uscì a riceverlo ed a prosternarsi a lui. Come questi del popolo, così uscì anche il magistrato Teofane a riceverlo in grande onore, perchè sapeva che S. Giulio era rispettato ed amico dei Sovrani e loro consigliere molto onorato presso di loro.

Gli si rivolse S. Giulio e gli disse : 'Dove è andato tuo fratello Alessandro a giudicare i santi (confessori) che sono attesi dagli Angeli?' Rispose (Teofane) a S. Giulio : '(Alessandro) è ammalato; ed ancora egli dice che non ucciderà d'ora innanzi alcun Cristiano, perchè tutta la terra di Egitto è piena dei corpi dei maghi'. Quando

S. Giulio udì ciò, ordinò ai suoi servi di sguainare le spade e di andare (così) dove stava Alessandro gridando : 'Così ti manda a dire il nostro padrone Giulio : Se tu non giudichi gli uomini che sono in quella nave, ti ucciderò con tutti i tuoi soldati'. Andarono le genti di S. Giulio e dissero ad Alessandro come aveva loro ordinato S. Giulio. Alessandro quando udì ciò, ordinò a suo fratello Awfānyos di giudicare quelli (della nave) e tutti gli altri che erano prigionieri nelle carceri. Li decapitarono e così essi compirono il loro martirio e ricevettero nel regno dei cieli le sante corone immarcescibili nel giorno 25 del mese di *ḥamlē*. La loro intercessione sia col loro diletto N.N. in ogni tempo e nei secoli dei secoli! Amen.

Il numero dei martiri fu di 5035 anime e (S. Giulio) ne curò i funerali in degne vesti e scrisse tutti i loro nomi. Di alcuni mandò
* p. 35 il corpo ai loro paesi; e di altri * lasciò i corpi nascosti nel paese di Ṭawā, luogo della loro decapitazione. Dopo il compimento del martirio dei santi martiri, Nostro Signore Gesù Cristo apparve al santo e beato Giulio e gli disse : 'Gioisci, o mio carissimo Giulio! Salute a te ed a tutte le tua gesta, chè davvero tu sei stato amico fedele come il Patriarca Abramo ed hai elevato il tuo corpo in offerta come Isacco, offerta sincera. E mi hai edificato santi templi in ogni luogo, come Giacobbe Israele, che tali sono i corpi dei santi martiri. Hai alimentato il popolo come il saggio Giuseppe e ti sei umiliato, come Mosè legislatore. Hai ricevuto presso di te i martiri con pazienza, come Giobbe il giusto; ed hai demolito la altezza degli idoli, come Gedeone [1]. Ed hai distrutta l'idolatria, come Daniele profeta in Babilonia. Hai elevata la tua offerta a me, come il centurione Cornelio [2]. Hai seppellito i corpi dei santi, come Tobia [3]. Ed hai scritto gli Atti di tutti loro, come Luca. Hai resuscitato i morti, come Pietro, principe degli Apostoli. Hai fatto camminare gli zoppi, come Giovanni vergine [4]. Chi fra tutti i santi fu mai come te, o prediletto del Padre mio e dello Spirito Santo? Io ti dico, o Giulio mio carissimo, che ogni casa nella quale sarà riposto il libro dei tuoi Atti, io la benedirò. E quelli, che scriveran-

1 *Jud.*, VI, 24-27. 2 *Act. Ap.*, X. 3 *Tob.*, I, 21.

4 Probabile allusione al miracolo di S. Giovanni Evangelista, ad Efeso (guarigione del paralitico) che si legge nel Sinassario Etiopico sotto la data del 4 *ṭerr*. Cfr E. A. WALLIS BUDGE, *The Book of the Saints of the Ethiopian Church*, Cambridge 1928, vol. II, p. 447.

no il libro del tuo martirio, io scriverò il loro nome nel Libro della Vita. Ed ora, carissimo, va da Alessandro e digli : « Se vuoi che si allontani da te questa malattia che ti affanna, vieni fuori e giudica me ed i miei fratelli ed i miei servi! » Quando egli sentirà questo da te, si turberà e Teofane suo fratello con lui, e dirà così : « Ahimè, Giulio, signor mio! Non sei tu forse l'amico ed il consigliere dei Sovrani? Chi ti può dunque costringere, signor mio, a fare alcuna cosa contro la tua volontà? Non sei stato tu a darci queste cariche, quando siamo venuti * da te nel paese di Alessandria? Per la vita * p. 36 degli Dei vittoriosi e dei Sovrani regnanti, io non ti giudicherò. Giammai i miei soldati ti porranno addosso le loro spade nè ad alcuno dei tuoi ». Quando egli dirà così, io farò venire su di lui uno spirito abbietto che lo punirà e gli morderà la lingua ed il corpo e molti affanni avrà da Satana che in lui dimorerà. E così deciderà il compimento del tuo martirio e di tutti quelli che sono con te. Allora si compirà il tuo agone in pace e tu ascenderai a me verso i tesori preziosi che ti sono preparati; e (così) i tuoi servi. Quanto ad Astānkos e Aṭrānifos io guarderò che restino (in vita) e non siano uccisi perchè seppelliscano il tuo corpo e quelli di tuo figlio e di tuo fratello e li custodiscano sino a che li potranno portare ad Alessandria e metterli presso quelli di Agnāniqos e di suo fratello Giovanni, militi alessandrini, che compirono il loro agone nel terzo anno della persecuzione del ribelle Diocleziano. Presero allora il purissimo corpo (dei militi martiri) e lo deposero sotto un macigno nel luogo dove già compì il suo martirio S. Marco Evangelista. Nè alcuno conosce quel luogo, ad eccezione di Astānkos, custode della chiesa di S. Marco Evangelista ed Alessandro suo figlio. Costoro prenderanno il tuo santo corpo e quello di tuo fratello e di tuo figlio e lo deporranno presso il corpo di quei (militi martiri); e da essa tomba si manifesteranno miracoli, prodigi e meraviglie. In verità ti dico, o mio carissimo Giulio, chiunque scriverà la tua fatica ed il tuo agone e tutte le buone opere da te compiute coi santi (confessori), io li proteggerò nella loro vita nè ad essi si potranno accostare mai alcuni dei desideri diabolici. E, quando partiranno da questo mondo, io li farò entrare nel mio regno e li darò a te perchè con te gioiscano nel mio regno. Chiunque poi farà opera di carità per i poveri nel giorno santo della tua commemorazione, non sarà mai nella sua casa nè fame nè

* p. 37 malattia di peste. E coloro * che presenteranno secondo i loro mezzi un'offerta od una lampada alla tua chiesa nel giorno della tua commemorazione, io farò loro misericordia in ogni tempo della loro vita e, quando usciranno da questo mondo, io li farò entrare nel mio regno perchè siano in festa con tutti i santi. Io farò per te una grande grazia, o mio carissimo Giulio, quale non ho fatta la simile ad alcuno dei santi che hanno compiuto il loro martirio prima di te : Se un uomo, caduto in peccato carnale, si converte un giorno e geme dicendo : « O Dio di S. Giulio, perdonami! » ed io sono testimone a me stesso che io non tornerò a ricordarmi dei suoi peccati, se egli non ritornerà di nuovo ad essi, e te l'accorderò. E di quel peccato non tornerò a ricordarmi; ed ordinerò al mio Angelo che lo custodisca in ogni via. Perchè egli avrà fatto il voto sulla sua anima di conoscere tutti i prodigi che io farò pel tuo nome. Così quelli che vanno per mare o per i fiumi o per qualsiasi via o sono in qualsiasi tribolazione, se menzioneranno il tuo nome e si affideranno a te, io li aiuterò e non li abbandonerò giammai. Ecco ti ho rivelato tutto, o Giulio mio carissimo. La mia pace sia con te nei secoli dei secoli!' [1].

CAPITOLO XI

Ciò avendo detto il nostro buon Redentore lo abbracciò ed ascese al cielo in grande gloria. Si mosse allora S. Giulio in grande gioia ed andò da Alessandro e suo fratello Teofane e disse ad Alessandro : 'Sappi che se tu non mi giudichi, non guarirai altrimenti da cotesta malattia; anzi assai ti si aggraverà. Ecco son prossimi i tempi in cui verrà rovinata la vostra credenza abbietta. Ora condanna me e tutti quelli che sono con me, perchè ci sia l'agone'. Quando Alessandro udì questo discorso * dal santo e beato Giulio, si turbò e giurò così : 'Giuro per gli Dei vittoriosi ed i Sovrani regnanti che io non vi condannerò giammai nè alcuno dei miei soldati porrà la sua spada addosso ad alcuno dei tuoi. Vuoi tu forse, o mio signore, che io muoia per te? Chi mai degli Imperatori o dei principi o dei magistrati ti ha obbligato ad incensare? o chi ti

(margin at "sandro udì questo discorso *": * p. 38)

[1] Questo discorso contiene dunque il 'Patto' (etiopico *Kidān*) che tipicamente nell'agiografia etiopica il Signore accorda in privilegio ai Santi, fissandone così i poteri di intercessione. È interessante trovare qui tale 'Patto' in un testo tradotto in etiopico dall'arabo, come questi Atti.

ha condotto qui o quale lettera hai tu in mano da parte dei Sovrani? e ti hanno mandato a me perchè io ti condanni e tu diventi per me causa di salvazione. Come mai sei stato tutto questo tempo a celebrare i funerali dei nemici degli Imperatori e degli idoli : eppure nemmeno una volta ti hanno giudicato (per questo)? Ora, o mio signore Giulio, io non ho che una carica (minore) ; e non posso fare ciò senza un ordine superiore al mio'. Rispose S. Giulio : 'Il Signore vi ha condannati tutti, grandi e piccoli, a che nessuno torni a menzionare mai più il nome degli idoli, eccetto che in questo solo paese e non in altro posto'. Replicò Alessandro a S. Giulio : 'Tu sei colui che dice che gli Dei e la loro religione svaniranno ed apparirà il Galileo e lo adoreranno. Questo non è conveniente, o Giulio mio signore!' Mentre il magistrato diceva questo, uno spirito abbietto ed assai malvagio gli saltò indosso e lo strozzò sin che mangiò la sua carne. Correva dietro i soldati e li faceva uscire per ordine di Satana vile. Si rivolse S. Giulio a lui dicendogli : 'O Alessandro, se tu non condanni me e tutti quelli che sono con me, non guarirai altrimenti da cotesto spirito abbietto'. Allora (Alessandro) ristette dalla paura e scrisse il compimento del martirio di S. Giulio così : 'Poichè questo soccorritore Giulio di Aqfāḥs, amico dei Sovrani, con suo fratello Yonyās e suo figlio Teodoro ed i suoi domestici e tutto il suo seguito, * mi ha obbligato * p. 39
contro la mia volontà e beneplacito a scrivere il compimento del suo martirio ed agone ed a decapitarlo con tutti quelli che sono con lui; dunque noi siamo innocenti del suo sangue e della sua condanna'. E comunicò (questa) lettera ai notabili del paese di Ṭawā.

I soldati quindi condussero S. Giulio con suo figlio Teodoro e suo fratello Yonyās in un luogo appartato per tagliare le loro sante teste. Ed ecco Nostro Signore Gesù Cristo scese dal cielo con la congregazione dei santi di cui S. Giulio aveva scritto l'agone e la tribolazione da loro ricevuta per il nome del loro Dio. Stette presso di lui il Redentore e gli disse con voce piena di letizia : 'Salute a te, o mio carissimo Giulio. Ecco ti ho condotto con me la congregazione dei santi perchè assistano alla purissima conclusione del tuo agone'. Gli si accostarono allora i santi ad uno ad uno e lo abbracciarono dicendo : 'Salute a te, fratello nostro caro! Affrettati dunque a venire in pace!' Quando gli ebbero detto ciò i santi

martiri, i soldati tagliarono la sua santa testa. Stese allora il Redentore le sue mani a prendere la pura anima di lui e la pose nella sua veste e la consolò. La baciò e la fece ascendere al cielo insieme con l'anima di Teodoro, figlio di lui, e Yonyās il fratello e tutti i domestici, rivestiti di corone luminose. I soldati così decapitarono quanti erano con lui, ad eccezione di Astānkos ed Ireneo, suoi servi. Il Redentore incoronò le anime di tutti i santi ed impose sulle loro teste corone di gioielli e li fece ascendere al cielo in grande gloria, mentre gli Angeli inneggiavano innanzi a loro e gli Arcangeli e tutti i Martiri. Questo avvenne il 22 del mese di *maskaram*. Ed Astānkos ed Ireneo, servi di S. Giulio, diedero ai soldati sessanta denari e presero i corpi dei tre santi martiri : il corpo di S. Giulio e quelli di suo figlio e di suo fratello e fecero loro bei funerali. Lasciarono nel paese di Ṭawā i corpi
* p. 40 degli altri martiri; e caricarono invece i corpi di quei tre martiri * su di una nave portandoli ad Alessandria dal figlio Eucaristo. Ed Eucaristo fece seppellire quei corpi in degne vesti ed elette, vesti di seta, ponendovi molti profumi e li depose presso i santi corpi di Agnāniqos e Giovanni, i militi alessandrini martiri. Cessati i tempi della persecuzione, fu loro edificata una bella chiesa, adorna di ogni bell'ornamento. In essa deposero i corpi di quei santi, glorificando Dio, il Signor Nostro Gesù Cristo. Il numero di coloro che furono martirizzati insieme con S. Giulio per il nome di Nostro Signore Gesù Cristo : nel paese di Samnud è di 1630 anime; e nel paese di Athribis è di 2052, non contando il Komos, il chiliarca, e non contando quelli che compirono il loro martirio nel paese di Enṣenā per mano del prefetto Aryānos; e nel paese di Ṭawā è di 5585, non contando S. Giulio stesso e suo figlio Teodoro e suo fratello Yonyās e 500 suoi domestici che compirono il loro martirio insieme con S. Giulio. Sicchè il numero totale di quelli che furono martirizzati insieme con S. Giulio è di 10977 anime. Ricevettero la corona immarcescibile da Nostro Signore Gesù Cristo, cui conviene l'onore, la gloria e l'adorazione col Suo Padre ottimo e lo Spirito Santo vivificatore, a Lui pari. Ora e sempre e nei secoli dei secoli. Amen e Amen. Fiat!

La preghiera e la benedizione del martire Giulio ottenga al suo diletto Za-Walda Māryām che sia partecipe del regno dei cieli con i giusti e con i martiri. Nei secoli dei secoli. Amen.

II

MIRACOLI DI GIULIO DI AQFĀḤS

* In nome del Padre, del Figlio e dello Spirito Santo, Dio unico. * p. 41 Cominciamo il libro della storia e dei miracoli di S. Giulio, padre di tutti i martiri, dopo che fu incoronato di martirio. La possanza della sua benedizione prodigiosa sia col suo diletto Za-Walda Māryām! Nei secoli dei secoli. Amen ed Amen. Fiat!

Udite, o fratelli affezionati di Cristo! Se i pastori di pecore guidano le loro pecore ad un buon prato perchè lì esse pascolino e, dopo che hanno fatto ciò per loro, esse mangino e si sazino di quel prato; e le conducono poi al luogo dell'abbeverata, le guardano mentre esse bevono e cantano per loro nella loro gola con dolci parole. E quelle pecore per le parole del cantico dei pastori bevono e si allietano per la grande cura dei loro pastori. Nè per tutto ciò tacciono quelli che le hanno condotte. Anzi si riuniscono in luogo ombroso sotto gli alberi e prendono la lira e suonano per loro. E le pecore, quando sentono la voce dei pastori, ritornano e saltano e tripudiano dalla gioia. Così io indegno Alessandro, nominato contro i miei meriti vostro pastore : di voi pecore del Pastore parlante, desidero che voi riveniate da ogni cattiva via e che io vi riconduca all'ombra del grande albero che è la Santa Chiesa e vi porti al pascolo sul buon prato che è la dottrina spirituale e canti per voi a causa della commemorazione di S. Giulio, che ci ha riuniti oggi in questo santo luogo * per la veglia del Grande che davvero è fra i * p. 42 santi martiri e particolarmente padre di tutti i martiri : S. Giulio. Egli combattè assai il suo agone nelle aule dei giudizi e custodì la sua fede ottima e ricevette la corona immarcescibile da Nostro Signore Gesù Cristo.

Ora io desidero, avendo visto la letizia della vostra rispettabile adunata, che io muova l'organo della mia lingua e faccia precedere le lodi di S. Giulio e narri pochi dei grandi suoi prodigi, secondo quando mi concederà Cristo, sorgente della vita. Chè noi non siamo degni di narrare tutti i suoi prodigi compiutamente; vale meglio per noi dare poco di quel che egli dà. Io vi domando, o rispettabile popolo, che mi aiutiate in questa omelia perchè Cristo apra il mio cuore affinchè rivolga belle parole agli ascoltatori. Poichè come il popolo cerca il sacerdote che preghi per loro al Signore che loro perdoni i peccati, così a sua volta il sacerdote ha bisogno e si affida alla preghiera dei giusti che chiedano per lui sempre che egli sia custodito nella fede ortodossa sino all'ultimo respiro.

Colui che noi oggi festeggiamo non fu un cieco nè un uomo da mercede che abbia vissuto dell'opera delle sue mani negli affanni di questo mondo; ma egli abbandonò questo mondo e tutto quanto è nel mondo per il nome di Nostro Signore Gesù Cristo; perciò egli è un gran principe nel regno dei cieli e fu l'amico dei Re sulla terra. E poi, ricco egli era dei beni di questo mondo, oro ed argento, schiavi e schiave molte; ancor più egli è eccelso nel regno dei cieli e ricchissimo nel Paradiso più di altri santi, perchè egli abbandonò i beni di questo mondo ben presto perituro e marcescibile ed amò
* p. 43 l'eredità che permane in eterno. Se tu mi chiedi * perchè e per quale sorte egli ereditò il tesoro che permane in eterno, io ti risponderò, carissimo, che è per aver egli invitato i poveri e per le benedizioni dei santi martiri e per aver invitato gli orfani e per aver visitato i prigionieri nelle carceri. Ed i perseguitati tutti si nutrivano alla sua mensa ogni giorno e ne ricevevano il necessario. Perciò egli si ebbe benedizioni su benedizioni : particolarmente le benedizioni dei martiri che erano nelle carceri. Ad essi egli andava e li confortava e ne rafforzava l'animo perchè sempre stava a visitarli. Ad alcuni di essi dava da mangiare e da bere con le sue mani e li consolava e confortava il loro cuore dovunque essi andavano. Molte volte egli andava al paese del governo per comando del Signore e col permesso dei Sovrani per visitare gli affezionati di Cristo che erano in quel luogo. Saziava quelli di essi che erano affamati e vestiva gli ignudi. E di quelli che ultimavano il loro corso per il nome di Cristo celebrava i funerali e seppelliva alcuni; di altri scriveva gli Atti del martirio e della passione; di altri rimandava (il corpo) al loro paese di volta in volta. Era questa la volontà del Signore che aveva mandato ai martiri questo santo perchè così facesse. Perchè il Signore pensa a ciascuno dei suoi veri e santi servitori come aiutarli. Ed il Signore stesso fu che concesse a questo santo il favore presso i Sovrani, i magistrati, i principi,

i grandi e tutti gli uffiziali della corte, gli diede onore e gloria; ed insieme il Signore diede a quelli (della corte) cecità di mente perchè nessuno di loro fosse di taglia di fare quel che voleva ai santi del Signore; ma vedevano invece tutto quel che faceva questo S. Giulio, avendo posto Dio alla loro bocca un morso e nei loro cuori scarsa intelligenza * per evitare che essi gli chiedessero che cosa mai * p. 44 egli faceva. Il Signore anzi lo proteggeva perchè egli potesse soccorrere i Suoi servi in ogni luogo e contrada del paese. Ed i Sovrani, quando ordinavano le opere loro necessarie, si consigliavano con lui (Giulio), chè egli era loro padre ed amico. Anche questo avveniva per volontà di Dio che lo mandava suo messo presso i Sovrani e spingeva i loro cuori a mandarselo a chiamare e farlo venire da loro spesso a prenderne consiglio, essendo egli pieno di saggezza, di molto buon consiglio ed intelligente nel provvedere alle opere della corte, perfetto in ogni cosa ed assai gradito loro per la grazia del Signore che in lui dimorava e per la sua sapienza. Per questo motivo i principi ed i magistrati e gli uffiziali in carica nei vari paesi dell'Egitto solevano consigliarsi con lui prima di conferire le cariche. Se il suo cuore si compiaceva ed il loro consentiva, davano la nomina. Se invece egli non era favorevole, non c'era alcuno che facesse alcuna cosa contro la volontà di lui (Giulio). Perciò, quando si dava loro una carica, essi lo prendevano con lui in tutte le contrade dell'Egitto. Egli allora pensava a tutti i santi che morivano nei vari paesi per il nome di Nostro Signore Gesù Cristo per volontà e beneplacito del Signore. Quindi egli fu detto padre e consigliere dei magistrati e dei principi nominati dai Sovrani. Nè essi osavano di parlargli di tutte le opere che egli compiva per i santi (confessori), mentre egli ne lavava le ferite e li baciava. Per i soldati ed i magistrati la loro propria carica veniva da lui; e perciò nè a lui nè ad alcuno dei servi che egli mandava poterono essi (magistrati e soldati) ardire di impedir loro di fare ogni cosa in favore dei fedeli del Signore. Per questo io dico che non fu Egli uomo da mercede che visse con le opere delle sue mani. Anzi egli era uno dei grandi per ricchezze di * questo * p. 45 mondo, ma grande pure nel regno dei cieli, assai più che molti (altri).

Ma se tu, o ascoltatore, mi dici : 'Non è il Signore che concede la Sua mercede al povero che è morto per il Suo santo nome, così come (la mercede) del ricco?'; io allora ti risponderò : Il Signore non favorisce più l'uno che l'altro. Fa attenzione a comprendere il significato del mio (discorso) : Non desidero essere ricco? Non desidero essere in gran povertà? Non c'è alcuno degli uomini che presceglie assai per sè stesso la povertà, che si augura la miseria? Ma il Signore invece non preferisce il povero al ricco nè preferisce il ricco al povero; soltanto (ama) ciascuno nella sua condizione. Ascolta che io ti provi, carissimo, come molti uomini si lamentano dall'alba al crepuscolo in fatica e tribolazione; e, quando tornano a casa loro la sera, vedono ancora la povertà che è nelle loro case : chè, dopo tutta quella fatica, non trovano quanto è loro necessario affatto. Quindi ciascuno di loro grida al Signore dicendo : 'Signore, se tu mi abbandoni e mi lasci così, prendimi presto presso di te!' E particolarmente poi se a lato del povero si trova il ricco; e quello lo vede mangiare e bere ogni buona cosa e, nella sua miseria, geme e si affanna assai più e dice con cuore infermo : 'Perchè a me il Signore non ha dato come a quell'uomo, che non fa nulla e forse perciò non mangia e non beve?'

Ancora state attenti, vi proverò che molti in queste condizioni si presentarono al tribunale del martirio in questi tempi. E molti dei monaci, dicendo in cuor loro : 'Fino a quando staremo in queste angustie? Non guadagneremo altro che fatica e tristezza. Ahimè, se non fossi monaco! Che avrei da affliggermi in questo mondo?' Vanno allora al tribunale del giudizio con questi pensieri e ricadono in molte tribolazioni. Quanti mai sono quelli che
* p. 46 procedono in questa * maniera a causa del benessere e della ricchezza e della tranquillità? Eppure l'Inimico non li angustia alla pari di quelli che si presentano al tribunale del giudizio essendo ricchi in molta tranquillità. Perchè i ricchi, che confidano nella vita tranquilla e nella ricchezza dalla loro fanciullezza, se il Signore ne volle parecchi per tale motivo e nel buon agone, quando vanno alla prova altissima cadono per poca angustia. Ed allora Satana tira i suoi dardi nei loro cuori ed essi dicono nel loro pensiero : 'Perchè proprio io debbo affrontare questa angustia? ed io soltanto da me stesso me la sono procurata! Ero forse io affamato o povero od infermo a casa mia? Non avevo la mia vita tranquilla in casa mia? e molti mi onoravano e mi servivano. Ed ecco

mi son fatto povero. Dove sono quelli che erano ai miei ordini, quando ero a casa in molta tranquillità? Ecco ora io morrò qui di fame. Sono io migliore di Abramo, Isacco, Giacobbe, Davide o del re Salomone? Non hai sentito tu che quelli non si allontanarono dalle loro ricchezze nè si ritirarono in eremi? e soddisfecero il Signore nelle loro proprie case ed erano sazi delle loro buone cose. Come quelli così soddisfecero il Signore, anche io lo soddisferò in casa mia e darò elemosine. Sarà per me meglio che qui; perchè Abramo fu amico del Signore per l'elemosina e la pietà. E, parimenti a come Abramo soddisfece il Signore, io agirò e lo soddisferò e cioè con le elemosine e la pietà'. In questa ed in simili maniere Satana tenta di distruggere la loro ricompensa. Se essi non sono saldi e forti assai, come colui che noi oggi festeggiamo, sono vinti e ritornano alle loro case.

Ma hai visto ora e ti sei convinto come sia difficile per i ricchi l'allontanarsi dalla loro richezza? Guarda agli Apostoli nostri Padri : Pietro * ed Andrea, Giacomo e suo fratello Giovanni; * p. 47
questi in ogni tempo della loro vita erano stati in strettezze. E, per la bellezza della loro fede, li chiamò il Signore e si rivolse loro dicendo : 'Su, seguitemi che io vi faccia pescatori di uomini!' E quelli allora pensarono in cuor loro : 'Quest'uomo certo ci distribuirà buone cose da cui ricaveremo guadagno. Su, seguiamolo! per ottenere da Lui la sapienza che per Lui è migliore del nostro lavoro perchè per essa viviamo. Chè Egli ecco ci dice che ci farà pescare uomini [1]; discorso che noi non comprendiamo nè abbiamo udito da altri, eccetto che oggi da Lui'. Ed allora lo seguirono rettamente.

Comprendete ora quanti sono i ricchi cui è difficile allontanarsi, presi nei beni di questo mondo? Sappiate anche che la povertà è lieve per chi in essa vive per avvicinarsi al Signore. È migliore della ricchezza di questo mondo, come disse il Signore Nostro Gesù Cristo nel Vangelo : 'È difficile al ricco di entrare nel regno dei cieli' [2]. E, se tu mi dici, o mio contraddittore, che agli Apostoli, nostri padri, il Signore volse i cuori a lui, io ti risponderò su questo punto dicendo : E chi tra gli uomini ha mandato il suo cuore a Dio ed Egli non l'ha prescelto? Chè Dio vede il cuore di ognuno

1 *Matth.*, IV, 19. 2 *Matth.*, XIX, 23.

e, come è il ricco, così è presso di Lui il povero. Lazzaro era povero nel mondo, a quanto di lui fu detto, ed Abramo invece era ricco. Eppure il Signore disse di loro che entrambi stavano nello stesso luogo nel regno dei cieli. Il Profeta Elia era povero in questo mondo e viveva nel deserto costantemente; Mosè invece era ricco e mangiava e beveva. Eppure ci è stato raccontato di essi che apparvero e si riunirono su di un unico monte, essendo entrambi
* p. 48 in grande gloria, con Nostro Signore * Gesù Cristo. Povero era il buon ladrone e nella sua povertà disse una parola ed ereditò il regno dei cieli; ed i capi dei sacerdoti erano ricchi, eppure entrarono dove è pianto e stridor di denti nel fuoco eterno, nell'abisso dello Sceol.

E se tu mi dici, o mio ascoltatore : Se il ricco è come il povero presso Dio, perchè allora il Signore non fece gli uomini tutti eguali, l'uno con l'altro, in questo mondo? (io ti rispondo) : Non dir questo con la tua bocca, o scarso di dottrina! perchè non c'è alcuno che comprenda il pensiero di Dio. Ma tu comprendi il Suo pensiero soltanto sino a (questo) : che tu hai venti dita, delle quali non ce n'è uno eguale all'altro : ve ne sono di più piccoli e di più grandi e tutti sono tuoi. Ve ne sono di più grandi in misura, ve ne sono di più piccoli in misura; e, così essendo, hanno ciascuno di essi un nome loro differente. Eppure essi stanno insieme in un solo corpo. Ognuno di essi ha il suo compito. E, se le dita non sono tutte eguali l'uno con l'altro, come dunque gli uomini sarebbero tutti eguali? Volgiti in alto e guarda il cielo e tutte le stelle che non sono eguali l'una con l'altra. Vi sono fra esse le grandi stelle e vi sono le minori; vi sono quelle assai splendenti e quelle belle alla vista ed altre piccole e scarse di luce. Non puoi tu forse guardarle gareggiare tra loro?. Ed ogni stella è diversa dall'altra nella sua gloria [1]; come disse l'Apostolo Paolo; eppure il loro nome è unico per tutte. E se le stelle così non sono, fra loro, pari, come mai particolarmente gli uomini figli della terra sarebbero pari l'uno all'altro?

Ma non penseremo nè menzioneremo ogni cosa per non allungare ed abbondare nel discorso; perchè ci basta la parola di Davide Salmista che disse : 'Ed ogni cosa in sapienza facesti; è

[1] 1 *Cor.*, XV, 41.

piena la terra che creasti' [1]. Ed ora, miei carissimi, se Dio non ha fatto quelli così, come farebbe Egli tutti i figli della terra pari l'uno all'altro? * Ma poi il nostro Creatore è sapiente in ogni sua * p. 49 creazione; perciò egli fece la natura dell'uomo differente in ciascuno; e fece uno più onorato dell'altro ed un altro che cerca il suo necessario da quell'uno : sino al Re che cerca il suo necessario dal povero e l'Angelo che si dice eccelso cerca il suo desiderio da un uomo povero e da una donna povera. Se Dio avesse fatto tutti gli uomini eguali e questi fossero stati tutti di un solo grado, si sarebbe insuperbito l'uomo in cuor suo e sarebbe stato assai orgoglioso, se non avesse dovuto ubbidire l'un uomo all'altro e se non avesse dovuto onorare l'un uomo l'altro. Ma il Signore previde tutto questo e li fece così (differenti).

Ed ora hai scolpito nel tuo cuore, o mio ascoltatore, tutto quel che ti ho detto? Avrete visto, carissimi, che in tutto quel che vi abbiamo esposto abbiamo dimenticato il discorso per noi esteso in occasione della commemorazione del santo e caro Giulio. Ma quel che abbiamo esposto e pensato è (sempre) per lui (Giulio) per provare l'agiatezza ed il benessere che egli abbandonò in questo mondo per seguire Cristo.

Ritorniamo dunque all'argomento dell'omilia del beato Giulio e celebriamolo come conviene, come disse Nostro Signore : 'Chi mi onora io l'onorerò'. Orsù, vi ho dimostrato chiaramente che il Signore ha glorificato S. Giulio e molto lo elevò in tutto il mondo. Quale è l'altezza superiore a quella cui il Signore lo elevò nei cieli? E perciò fu detto padre di tutti i martiri e fu questo un nome fisso e stabilito in cielo ed in tutta la terra. Ed ora, carissimi, cominceremo a rivelarvi questo santo martire. E vi faremo certi di alcuni dei miracoli e prodigi che da lui furono fatti. Poi diremo un po'della sua gloria e delle sue lodi; e poi vi faremo certi delle sue meraviglie e grandi prodigi. Oggi il Redentore del mondo sta con noi ed i suoi Angeli santi festeggiano S. Giulio nel giorno della sua festa. Tutte le celesti milizie sono oggi riunite con noi per * * p. 50 celebrare colui che lasciò il mondo e quanto in esso aveva sin che acquistò il regno e la ricchezza che è nei cieli. Oggi i Profeti e gli Apostoli sono in mezzo a noi a festeggiare colui che il Signore

1 *Ps.* CIII, 24.

predilesse concedendogli la corona nel regno dei cieli. O coronato della corona di tutti i santi, o signore santo Giulio, diletto del Nostro Signore Gesù Cristo; o tu che lottasti senza sconfitta sin che acquistasti la vera corona; o tu che facesti del tuo corpo offerta di vita, accettabile presso il Signore come (quella di) Melchisedech, sacerdote del Padre; o amico dei forestieri come Abramo Patriarca; o tu che elevasti il tuo corpo a sacrificio come Isacco; o tu che edificasti altari al Signore in ogni luogo come Giacobbe, (altari) che furono i corpi dei santi martiri che tu mandavi dovunque; ed alimentavi il popolo del Signore come Giuseppe saggio; e la tua porta era sempre aperta come (quella di) Giobbe per la tua troppa elemosina; tu hai demolito l'altezza degli idoli come Gedeone e distruggesti l'idolatria come Daniele; o tu il cui sacrificio salì innanzi al trono del Signore come (quello del) centurione Cornelio; e facesti i funerali ai corpi dei martiri come Tobia; e scrivesti i loro Atti meravigliosi e stupendi come Luca Evangelista; e risuscitasti i morti come Pietro; e guaristi gli infermi come Giovanni; o giusto dall'inizio e perfetto come Giobbe davvero purissimo! Tu sei il nuovo Giuseppe di Arimatea che seppellì il corpo di Nostro Signore Gesù Cristo; e tu ancora, o mio signore S. Giulio, seppellisti il corpo di ottomila e migliaia di migliaia di martiri e scrivesti i loro santi Atti, ad eccezione delle 2965 anime di quelli cui tu facesti avere la corona di vita prima che scorresse il tuo sangue per il nome di Nostro Signore Gesù Cristo. Come S. Giorgio fece cessare l'idolatria al tempo di Dudyānos quando pregò il
* p. 51 Signore e scese il fuoco dal cielo e bruciò i settanta * Re con i loro (familiari), tu nuovamente o signor mio S. Giulio, hai fatto chiudere i tribunali dell'iniquità nei quali venivano oppressi i martiri dovunque. Questo è tutto quel che tu facesti prima di spargere il tuo sangue purissimo per il nome di Nostro Signore Gesù Cristo. Che dirò e che narrerò di te, o S. Giulio martire di Cristo? Chè è giunto il tempo che noi vi riveliamo i prodigi e miracoli che il Signore rivelò per S. Giulio a gloria del nome della Santissima Trinità. La preghiera di S. Giulio protegga il suo diletto Za-Walda Māryām. Nei secoli dei secoli. Amen.

I. Miracolo di S. Giulio, martire di Gesù Cristo; la sua intercessione sia col suo diletto Za-Walda Māryām. Nei secoli dei secoli. Amen.

Quando il Signore rimosse il regno dell'Imperatore Diocleziano, nemico abbietto di Gesù Cristo e Diocleziano divenne mendicante alle porte della città di Antiochia, per beneplacito del Signore e per consiglio dei principi e dei grandi magistrati, fecero imperatore Costantino, al posto di lui, nella città di Antiochia. E questo Costantino era stato prima nel paese di Roma e nel paese dei Franchi [1] molti anni. Poi quando i Persiani si levarono a combattere i Romani, egli lasciò la casa di suo padre; e, presa sua madre e la vergine sua sorella, se ne andò ad Antiochia e lì dimorò e lì ottenne insegne imperiali. Quando fu cacciato via Diocleziano dal palazzo imperiale, come abbiamo detto sopra, diedero il trono a Costantino, al posto di quello, per comando del Signore. Allora fu adottata saldamente la fede ortodossa di pieno cuore, in eterno, e non come una tribù da un'altra. Ma Costantino fu eletto : fedele ortodosso e devoto del Dio del cielo. E, quando i Persiani furono in guerra coi Romani, egli uscì a combattere i Persiani. E quando i Persiani videro * * p. 52 l'Imperatore nel suo numero scarso ed esercito scarso, e cioè i Romani, molto si allietarono. I Persiani erano assai numerosi come la sabbia del mare. Quindi si concertarono dicendo : 'Non li uccideremo; ma prenderemo il loro signore, l'Imperatore Costantino, con le sue truppe. Se no, lo sbaraglieremo; altrimenti lo manterremo presso di noi e sarà nostro il suo regno e tutte le sue richezze, come molti dei Re che furono in mano del nostro Sovrano e sottomessi a lui'. Dopo essersi così consigliati, i Persiani attaccarono l'esercito dell'Imperatore Costantino. E Costantino e le sue truppe stavano in mezzo a loro come una tavola e li affrontavano faccia a faccia [2]. E questo Costantino, prima di impegnarsi nella battaglia, prese il libro del Palazzo e lesse il nome dei grandi del Palazzo e trovò scritto così : 'Diocleziano uccise molta gente per il nome di Nostro Signore Gesù Cristo'. Trovò poi scritto il nome di S. Giulio e come questi era stato consigliere degli Imperatori ed accertò che

[1] È da notare che qui il codice D'Abbadie ha : *Afrāsis* (da leggere piuttosto *Afrānsis*), e cioè propriamente 'Francesi', invece del solito : *Afrengi* 'Franchi, Europei'.

[2] Qui il traduttore etiopico ha reso con *tamaṭawa* 'ricevere', che non darebbe senso preciso, verisimilmente il verbo *taqābala* 'affrontarsi' del testo arabo.

egli aveva compiuto il suo martirio nel paese di Aṭfih per mano del magistrato di Ṭawā, che è un paese in Egitto, non per ordine dell'Imperatore, ma per comando del Signore. Lì c'era anche la fine dei luoghi dei Tribunali sciagurati dell'idolatria. E poi si accertò delle buone opere che (S. Giulio) faceva ai servitori di Cristo ed a molta gente e come convertì al Signore decine e decine di migliaia (di anime). E dei martiri, come seppellì i loro corpi e scrisse le loro pene; e poi egli stesso compì il suo martirio insieme con Yonyās suo fratello e Teodoro suo figlio, per ordine del prefetto Alessandro e di suo fratello Teofane. Tutto ciò narrarono all'Imperatore Costantino; e come essi erano dei grandi di Antiochia [1] e come 1976 anime furono con lui martiri. Quando Costantino
* p. 53 sentì questa storia, si meravigliò e glorificò il Signore * e S. Giulio. Poi scrisse il nome di S. Giulio e lo prese con lui perchè gli fosse di aiuto e pegno di vittoria sui suoi nemici. Ebbe in esso una forte fede. Andò così in guerra per combattere i Persiani. Ma i Persiani gli resistettero e lo presero mano per mano, Costantino allora volse gli occhi al cielo, dicendo : 'O Dio di S. Giulio, aiutami in quest'ora e salvami! E tu, o martire! perchè io credo, o Signore, che Dio ti diede gloria ed onore sulla terra e facesti da padre a tutti i Sovrani della terra. Credo che tu facesti da padre a tutti i martiri come ci hanno narrato delle buone opere che tu loro facevi, avendone benedizioni. Tu sei più vicino a Dio che molti (altri)'. E, quando l'Imperatore diceva così, essendo in mezzo ai Persiani prima che lo toccassero col ferro.

Allora il Signore mandò una nube lucente e S. Giulio vi stava sopra. Tolse egli il cavallo su cui era montato (Costantino) Imperatore; e, mentre tutti i Persiani guardavano Costantino Imperatore, questi prese a volare per aria sin che (S. Giulio) lo fece arrivare a Lasedeyā, isola, cui non era mai giunto alcun uomo. Si rivolse quindi S. Giulio all'Imperatore e gli disse : 'Sai chi sono io?' Rispose l'Imperatore : 'Non so, signore'. Riprese il santo : 'Io sono quel Giulio nel cui nome tu hai pregato il Signore. Io anche ho pregato il Signore ed egli mi ha mandato su questa nube e ti ho rapito dalle mani dei tuoi nemici. Ora così ha detto il Signore : Nel luogo in cui

1 Possibile errore del copista che avrà scritto 'Antiochia' invece di 'Alessandria'.

Egli ti ha costituito edifica lì una città al tuo nome, perchè in quel paese non c'è ricordo di idolatri. Ha detto il Signore : In quest'anno il padre nostro Pietro, Patriarca di Alessandria * rice- * p. 54
verà la corona del martirio. E dopo di lui sarà eletto Archelao. Dopo la morte di Archelao in poco tempo sarà eletto al suo posto Alessandro, il quale verrà da te per rinsaldare la fede. Quando vorrà ritornare ad Alessandria, manda con lui un tuo ufficiale perchè mi costruisca là una chiesa sul giardino che fu mio e depongano nella chiesa il mio corpo insieme con quelli di Yonyās, mio fratello, e di Teodoro, mio figlio. Tu anche poi, se questo paese edificherai e lo abbellirai assai, costruiscimi qui una chiesa; ed io verrò e starò in essa'. E, avendo detto questo all'Imperatore, il santo lo lasciò nell'isola e disparve.

Quando Costantino vide l'aiuto a lui mandato da parte di Dio e di S. Giulio, si meravigliò molto e costruì una città nell'isola Lasedeyā, luogo nel quale era stato portato; ed il paese ebbe nome da lui e è detto : 'Città Costantiniana' sin oggi a glorificazione del nome di Nostro Signore Gesù Cristo e del purissimo martire S. Giulio.

Avete visto, carissimi, che S. Giulio è forte sino a questa misura ed ascolta quelli che lo pregano di tutto cuore. Ora, carissimo popolo devoto di Cristo, facciamo che egli ci sia intercessore presso Dio affinchè, a Lui vicino, lo supplichi per noi a perdono dei nostri peccati. Gloria a Lui ed ai Suoi santi nei secoli dei secoli! Amen. La benedizione del padre Giulio sia col suo diletto Za-Walda Māryām in dono di sapienza : con lui che l'ama dall'intimo del cuore. Nei secoli dei secoli. Amen.

II. Miracolo di S. Giulio amato. Il Signore per la preghiera di lui protegga il suo diletto Za-Walda Māryām dalle fiere malvagie e gli conceda tempo da vivere e la mercede della benedizione pronta. Nei secoli dei secoli. Amen.

Dopo la morte del padre nostro abbā Archelao, * Patriarca di * p. 55
Alessandria, elevarono al suo seggio, in sua vece, me Alessandro peccatore. Si levò allora contro di me Ario. Questi è colui che oltraggiò e si oppose a Cristo e lo fece creatura. Ciò io scrissi; ed informai Costantino Imperatore della contumelia di Ario. Quando Costantino lo seppe, ordinò che si riunissero i Vescovi per lo

scisma e la contumelia che erano sorti. Giuntomi questo invito, assai mi allietai. L'Imperatore aveva ordinato il concilio in Nicea, capitale della Bitinia. Si riunirono là 318 Vescovi ed i quattro Seggi maggiori. Fra essi : Eusebio, Patriarca di Roma; Dionisio, Patriarca di Antiochia; Leyoryos Patriarca di Efeso; ed io, Alessandro, di Alessandria. L'Imperatore era fra essi (Padri del Concilio) nella sua maestà. Non ci fu fra noi alcun turbamento nè scissione; chè il Sovrano terrestre era con noi. E, pel beneplacito della Santissima Trinità, dichiarammo la fede ortodossa e scrivemmo la scomunica dello scismatico Ario per ordine dell'Imperatore. Quando l'Imperatore ci congedò perchè tornassimo ai nostri paesi, gli apparve S. Giulio e gli disse : 'Salute a te, o saldissimo nella fede di Cristo! Salute a te, o Sovrano giusto! Beato te davvero, perchè ecco ti è pronto un trono eterno nei cieli fra tutti i santi. Ora è il tempo che tu compia tutto quanto ti fu prescritto e cioè che tu mi costruisca una chiesa dove sarà deposta la mia salma. Ordina quindi al Patriarca Alessandro che mi costruisca la chiesa e vi deponga la mia salma nella città di Alessandria, come io ti spiegai quando stavamo insieme sulla nube. Poi manda un uffiziale con i suoi soldati perchè si occupino con sollecitudine della mia chiesa.
* p. 56 Questo ti dico'. * Dopo che ebbe precisato ciò all'Imperatore Costantino, S. Giulio disparve.

Al mattino dopo mi convocò l'Imperatore Costantino e mi disse quel che era accaduto. Io, lieto e felice di questo, mi rivolsi a lui e gli disse : 'O Imperatore, devoto di Dio, il Signore onnipotente protegga il tuo impero in giustizia da ogni male e ti faccia degno sempre delle sue vere bontà. O Imperatore, certo tu sei stato presso di me davvero intercessore fedele ed ottimo. Chè il giardino raccoglie le perle preziose ed il candelabro vuole la lampada splendente ed il re giusto vuol esser il padre dei Sovrani, degli uffiziali e dei martiri tutti. Chè io ti ho mandato un po'dell'onore e dell'altezza e maestà che Dio diede a S. Giulio e le fatiche che egli sopportò ed i martiri ai quali egli servì e la grazia e l'onore che il Signore gli concesse'. Quando l'Imperatore udì, si meravigliò e glorificò il Signore e S. Giulio.

Poi prese di sua mano una carta e vi scrisse quanto era accaduto e quanto S. Giulio per lui aveva fatto : del come l'avevano preso i

Persiani mano per mano ed S. Giulio poi l'aveva rapito e tolto di mezzo a loro; e di quel che gli aveva detto, mentre stava insieme con lui sopra la nube, e del come gli si era rivelato, nella notte in cui eravamo, perchè noi fossimo congedati. Io allora glorificai il Signore ed il Suo purissimo martire S. Giulio. Quindi l'Imperatore comandò ad uno dei suoi principi di andare con noi insieme con molte truppe e molti attrezzi e quanto occorreva ad approntare la chiesa del santo. Allora noi recitammo le preghiere e benedicemmo l'Imperatore e fummo congedati in pace, glorificando noi il Signore e Gesù Cristo Signor Nostro e tutti i Suoi santi. La preghiera di Giulio * martire faccia entrare nel regno dei cieli il suo devoto Za-Walda Māryām! Nei secoli dei secoli. Amen. * p. 57

III. Miracolo di S. Giulio che la Sapienza nutrì. Al suo devoto Za-Walda Māryām, Dio gli conceda la Sua benedizione! Nei secoli dei secoli. Amen.

Quando partimmo dalla città di Costantinopoli, eravamo andati per quattro giorni quando il vento ci portò ad un'isola. La nave entrò colà in porto e restammo lì (un certo tempo). Di lì andammo poi ad un'altra isola dove restammo due giorni; perchè il capitano della nave ebbe l'animo turbato, non essendo mai andato nè rientrato prima per quella rotta. E, mentre noi pensavamo a quel viaggio, improvvisamente allora apparve un gran prodigio : chè vennero due navi navigando sul mare, navi che il re dell'India aveva mandato a Costantino . (Le navi) erano cariche di ogni bene : oro, argento, pietre preziose, gioielli di gran valore e molte altre buone cose e tesori ricchissimi le riempivano. E quelle navi cariche si ancorarono a fianco di quell'isola dove noi eravamo ancorati. Noi ci meravigliammo a vederle; andammo e scendemmo in quelle navi e le ricercammo, ma non c'era in esse alcun uomo, eccetto che soltanto quei tesori. Allora ci spaventammo nel vedere questo. Il principe, che era con noi, ed il prefetto girarono e ricercarono le navi e trovarono una lettera del re dell'India (che diceva) come egli mandava quelle navi belle e preziose con i tesori che erano in esse a Costantino. Letta la lettera, ci prese una gran paura e ci dicemmo : 'Vediamo quel che è accaduto agli uomini che erano imbarcati su tutte le navi'. Ed io mi rivolsi al principe e gli dissi : 'Mio vero figliuolo, certo è la volontà del Signore che ci ha por-

tati qui a trovare questi preziosi tesori inviati all'Imperatore'.
* p. 58 Allora levai gli occhi * al cielo e dissi : 'O Dio di S. Giulio, mettici
sulla retta via e svelaci il fatto di questi navi!' Dopo aver detto
ciò, partimmo da quella località, avendo con noi le navi. Ed, essendo
andati per due giorni interi in mare, quando alzammo gli occhi
vedemmo molti crocchi di uomini radunati su di un'isola; e
l'isola camminava con loro nel mare e minacciava di affondarli.
Essi gridavano ad alta voce ed in gran pianto ed amaritudine
di cuore. Allora pensai in cuor mio e divisai nella mia mente :
'Ecco quelli che stavano sulle navi!' Stesi allora le braccia e pregai
il Signore dicendo: 'O Dio di S. Giulio il martire di Cristo, volgi lo
sguardo alle tue creature chè queste anime sventurate sono in questa
burrasca marina. Invia tu loro il tuo aiuto sollecito perchè sia glorificato il tuo nome!' Avendo detto così io e quelli che stavano con me,
continuammo recitando 700 volte : Kyrie eleison, a gran voce. E,
quando finimmo e stavamo in piedi, improvvisamente apparve allora
un gran prodigio, o padri miei santi e popolo cristiano. Perchè
ecco S. Giulio scendere dal cielo su di una nube splendente. Lampeggiò lo splendore del suo volto sull'acqua e la illuminò assai.
Poi si accostò a noi e ci fece segno con la mano, dicendo : 'Salute
a voi! Che vi è accaduto che gridate al Signore così con questa
unanime voce?' Egli era simile ad un venerando Sovrano che
entra nel mare, ed erano con lui quattro Angeli a simiglianza di
nocchieri. Anche io mi rivolsi allora a lui e dissi : 'Benvenuto, o
diletto del Signore! Noi abbiamo il cuore turbato per quei molti
uomini che minacciano di affondare in questo mare. Ed ecco tu li
* p. 59 vedi e li senti gridare * e piangere'. Mi rispose egli : 'Ora li
salverò per la possanza del mio vero Sovrano Gesù Cristo'. Andò
quindi da loro che stavano ancora su quella isola, che non era poi
un isola ma una balena, che a loro era parsa un'isola quando ci
erano arrivati presso e trovatala nel mare ci si erano ancorati
presso, senza sapere. E dopo due giorni e due notti mentre essi le
erano sul dorso, la balena si accorse che aveva uomini indosso e si
turbò tutta e tirò via le navi per affondarle col loro equipaggio,
ma per volontà del Signore si spezzarono le catene. Così le navi
arrivarono verso di noi e gli uomini che erano sulle navi si tenevano sul dorso della balena, che ecco minacciava di affogarli.

Ma all'ora terza andò da loro S. Giulio in grande maestà sulla nuvola splendente; e, rivoltosi a loro, disse : 'Salute a voi, fratelli!' Quelli risposero : 'Ti supplichiamo di salvarci, o principe e signor nostro'. Egli allora salì a star con loro sul dorso della balena e diceva loro: 'Non temete! Il Signore è con voi'. E quando S. Giulio stette sulla balena con l'equipaggio, piantò il suo bastone nelle carni della balena e disse : 'Io ti ordino, o balena, in nome di Nostro Signore Gesù Cristo, che tu porti questi uomini senza affanno nè paura e li fai pervenire a quelle tre navi e ti ponga le loro catene sul collo; e conduca tu insieme tutti quanti alla città di Alessandria domattina prima del levar del sole'. Allora la balena tornò presto verso di noi. La nave in quel momento era all'ancora perchè non soffiava vento a noi favorevole. Giunse la balena alle navi ed inghiottì pietre ed ancore e catene con cui si erano ancorati; e cominciò a tirare e faceva correre le navi come uccelli che volano sulle ali e li fece così arrivare sino * ad Alessan- * p. 60
dria. Erano le ore del mattino, quando la balena arrivò con le navi. Ed al levar del sole andammo all'ancora in Alessandria. Dal luogo dove ci aveva presi la balena sino alla città di Alessandria, a quanto dissero i nocchieri alle genti di Alessandria, ci sono tre giorni e tre notti di distanza ad andare in fretta. Ed i nocchieri raccontavano tutto quanto ci era accaduto, fatto per fatto. S. Giulio poi disparve da noi e non lo vedemmo più. Quale il grido che fu tra il popolo a causa del miracolo che videro ed udirono! Tutti gridavano : 'Kyrie eleison. Unico è il Dio del purissimo martire S. Giulio'. E la balena rimase tre giorni e tre notti a giacere all'asciutto sul lido del mare. Tutti i cittadini uscivano a vederla e se ne allietavano. Poi gettò via dalla sua bocca le pietre, ancore e catene delle tre navi, si immerse nel mare e non la vedemmo più. Quanto agli Indiani narrarono al principe tutto quello che era loro avvenuto e gli scopi del loro viaggio. Ed egli li congedò gioiosamente, glorificando il Signore e S. Giulio per la grazia loro accordata. Noi e tutti di Alessandria ci persuademmo, senza smentite nè dissensi che S. Giulio era venuto a salvarci dal mare. Disse poi il principe : 'Poichè tutti questi preziosi tesori erano stati mandati all'Imperatore mio signore, ecco che il Signore li ha dati in onore di questo Santo (Giulio) che li ha salvati e protetti dal pericolo del

mare'. Ordinò allora che fossero scaricati quei tesori preziosi che erano sulle navi tutte e fossero portati al palazzo del Patriarcato. E scrisse all'Imperatore per informarlo dell'accaduto e l'Impera- * p. 61 tore, assai meravigliato, glorificò Dio * ed il purissimo martire S. Giulio. La cui intercessione protegga il suo devoto Za-Walda Māryām! Nei secoli dei secoli. Amen.

IV. Miracolo di S. Giulio, martire di Gesù Cristo. La cui benedizione sia col suo devoto Za-Walda Māryām! Nei secoli dei secoli. Amen.

Dopo che il principe ebbe decisa la costruzione della chiesa, chiamò me, povero Alessandro, e mi chiese : 'Dove è il corpo di S. Giulio? Mostrami che io lo veneri!' Così io lo condussi al luogo dei santi Aqbanyos e Giovanni, militi alessandrini, perchè il corpo del beato Giulio è sepolto fra quelli insieme con i corpi di suo fratello Yonyās e di suo figlio Teodoro. Chè suo figlio Eucaristo di nascosto li portò qui nel luogo detto 'il giardino del bue' dove S. Marco Evangelista compì (il suo martirio) [1]. Quando il principe vide i corpi dei Santi e l'incenso che da essi usciva si meravigliò e glorificò il Signore ed i Suoi Santi. Poi ordinò che si facessero le fondazioni del giardino del santo per la lunghezza di 800 cubiti e larghezza vasta ed ampia come una chiesa. E gli Indiani salvati dal mare, di cui abbiamo detto sopra, ed il cui numero era di 36 persone nelle due navi, avevano fatto voto di non partire per tornare nei loro paesi senza prima aver finita la costruzione della chiesa del martire S. Giulio. Essi lavoravano di tutto cuore nel luogo dove cominciarono le fondazioni della chiesa. Col principe erano 300 soldati e 600 altri uomini di Alessandria; tutti lavoravano al santuario in gran gioia. La costruzione fu iniziata il primo giorno (del mese) di *tāḫsās*. Noi avevamo confermato la fede (a Nicea) il 9 (del mese) di *ḫedār* ed eravamo poi venuti presto ad Alessandria alla fine del mese (di *ḫedār*) per beneplacito di Dio. Così per la decisione del principe e l'impegno * p. 62 cordiale dei * lavoratori in nove mesi fu compiuta quella chiesa, costruita come si conviene in ogni bella opera con l'aiuto dello Spirito Santo e l'eccelsa possanza di S. Giulio. Quindi il principe mi

[1] È il luogo detto, infatti, βουκόλια dove fu ubicato ab antiquo il martirio di S. Marco.

domandò : 'Padre mio, consacra la chiesa e lasciami partire!' Io gli risposi : 'Abbi pazienza, figliuolo, per venti altri giorni, sin che ricorra il giorno del martirio del Santo in cui egli ricevette la corona. È giusto e degno che in quel giorno si consacri la chiesa; e tu ne toglierai ottima benedizione e vedrai molte gioie e grandi ricchezze fatte a S. Giulio ed atti di clemenza e di salvazione che per lui avverranno'. Per queste mie preghiere egli recedette dal suo proposito ed acconsentì. Quindi io mi rivolsi ancora a lui così : 'O signor mio, ci è rimasta ancora una cosa necessaria al servizio che vorremo fare nella chiesa'. Mi chiese : 'Che è?' Gli dissi : 'Ci serve una icone del santo, dipinta su di una tavola di legno, con a destra l'effigie di suo fratello ed a sinistra l'effigie di suo figlio'. Udito ciò, gli si rallegrò l'animo per S. Giulio. Ed allora il Signore gli aprì gli occhi ed egli vide S. Giulio in mezzo agli uomini che lavoravano alla chiesa ed (il santo) li aiutava comunque in tutti i loro lavori. Allora presto riunì tutto l'oro rimasto dall'opera della chiesa e me lo diede dicendo : Fa quello che vuoi!' Io gli risposi : 'Se è così, facciamo altre iconi'. Allora egli ordinò di far venir gli orafi e diede loro sei libbre d'oro perchè facessero tre immagini in oro, ognuna dell'altezza di 3 cubiti. Inoltre diede poi loro nove libbre di argento perchè adornassero le immagini sì che esse splendessero a rallegrare chi le vedeva che ne desse gloria al Signore ed a tutti i suoi venerabili Santi — la cui gradita preghiera sia col loro devoto Za-Walda Māryām. Nei secoli dei secoli. Amen.

* V. Miracolo di S. Giulio. Cristo sia clemente per le preghiere di * p. 63
lui al suo devoto Za Walda Māryām. Nei secoli dei secoli. Amen.

Quando demmo l'oro agli orafi ed ordinammo di fare tre immagini, uno degli orafi era il loro maestro e gli altri due erano suoi lavoranti. Preso l'oro, se ne andarono a casa. Tutti e tre erano Ebrei. Quando i suoi colleghi lo lasciarono ed andarono a pranzo, Satana gli insinuò nel cuore — dico all'orafo maestro — di prendersi una parte di quell'oro ed argento di S. Giulio. E l'empio, giunto a casa, prese delle sette libbre d'oro una libbra e dell'argento due libbre. Quella stessa notte S. Giulio apparve a quel peccatore e gli disse: 'Hai capito chi sono?' L'altro rispose: 'Come posso capirlo se non ti ho mai visto?' Disse S. Giulio : 'Io son colui che separerà in questa notte la tua anima dal corpo. Così non oserai più prenderti la roba mia. Ora diventa cieco! e non vedrai più la luce di questo mondo sin quando non chiameranno il Principe ed il Patriarca e tu gli dirai tutto quello che hai fatto'. Quindi, posto in lui spavento, sparì.

L'indomani andarono da lui i suoi colleghi per fare il lavoro loro comandato; e lo trovarono cieco da entrambi gli occhi e tremante in tutto il corpo. Gli chiesero : 'Che ti è capitato?' Rispose : 'Su, vedete quel che mi è accaduto!' E narrò loro tutto. E disse poi : 'Fatemi una carità : chiamate il Patriarca ed il Principe perchè io racconti loro quel che ho fatto'. Quelli presto si levarono e vennero da noi e ci informarono dell'accaduto. Andammo allora da lui e lo trovammo cieco dai due occhi e tremante in tutta la persona. Ed, appresa la nostra presenza, pianse con gran lamento e diceva : 'Ho peccato; perdonatemi, signori miei e padri miei!' * p. 64 Io gli risposi : * Chiunque pecca, pecca contro sè stesso. Comunque dicci quel che hai commesso, perchè sta scritto : Figli miei, confessatevi scambievolmente i vostri peccati; ma il perdono dei peccati è il non ricaderci'. Mi disse allora : 'Padre mio, grande è il mio peccato'. Gli chiesi : 'Quale è? Dimmi'. Rispose : 'L'oro che voi mi deste ieri : Satana mi ha tentato e ne ho rubato una libbra. Stanotte ho visto venire da me uno che mi ha messo indosso gran paura, e mi ha chiesto : « Come hai ardito rubare le mie offerte? Ora diventa cieco! sino a quando narrerai al Patriarca ed al Principe quel che hai fatto ». Miei signori e padri, al posto della libbra d'oro che ho preso vi darò io due libbre d'oro e quattro di argento oltre a rinunziare alla mia mercede; ma voi non lasciatemi in tanta sciagura!' Io allora ordinai che mi portassero un po' d'olio dalla lampada che era innanzi a S. Giulio e gliene unsi gli occhi in segno di Croce dicendo : 'Signore Gesù Cristo, perdona questo poveretto, chè innanzi a te non c'è alcuno che sia puro e senza peccato. E tu, signor mio S. Giulio, guarda a questa anima e siile clemente!' Dopo aver detto così, lo unsi di quell'olio; e subito gli si aprirono gli occhi. Si levò allora quell'uomo e mi si prosternò innanzi. Portò quindi quel che aveva rubato ed in più due libbre di oro e quattro libbre di argento che egli aveva promesso in voto. Quando ci ebbe dato questo, disparve da lui la paura ed il tremito che lo avevano presi. E, ciò visto, noi ci meravigliammo e glorificammo il Signore e S. Giulio. Che egli protegga con la sua intercessione il suo devoto Za-Walda Māryām. Nei secoli dei secoli. Amen.

VI. Miracolo di S. Giulio. Il Signore, per l'intercessione di lui, protegga e conceda le sue grazie al devoto Za-Walda Māryām! Nei secoli dei secoli. * * p. 65

Dopo ciò, quell'orafo Ebreo fece tre immagini di oro con grande arte, curandole dal profondo del cuore. Ed il materiale per esse usato fu in quantità di otto libbre d'oro e tre d'argento. Fece inoltre tre altre immagini assai belle : una immagine di Nostra Signora santa Maria e due degli Arcangeli Michele e Gabriele. Tutte furono insieme finite e compiute il 21 (del mese) di *maskaram*. Alla mezzanotte sul 22 *maskaram*, prendemmo le immagini ed andammo al luogo in cui erano i corpi dei purissimi giusti. Li portammo così nella chiesa cantando, innanzi a loro, gloria, laudi e cantici. Gran popolo si radunò da tutti il paese. Ed io, povero Alessandro, consacrai la chiesa nel nome del Signore e di S. Giulio il 22 *maskaram*.

Quante mai guarigioni e grazie furono fatte in quella chiesa quel giorno! Ve ne narrerò alcune, fratelli miei. C'era un cieco delle genti di Maryuṭ di circa venti anni; e non vedeva perchè nella pupilla dei suoi occhi era germogliato un *zedri*[1] ed egli era accecato e non vedeva affatto. E quando udì che si celebrava la festa di quella chiesa, venne con fede e fiducia a quella chiesa e stette in essa. Mentre noi portavamo l'immagine di S. Giulio nella chiesa, il popolo le si affollava intorno per venerarlo, perchè nessuno l'aveva venerato prima di quel giorno, da quando Eucaristo suo figlio lo aveva nascosto nel « Recinto dei bovini ». Allora quel cieco si prosternò alla salma del santo e subito gli si aprirono gli occhi e vide bene. Tutti quelli che videro ed udirono ciò, glori-

[1] *zedri* dovrebbe essere voce araba; ed anche qui appresso il traduttore etiopico ha conservato i nomi arabi delle malattie *niqris* 'gotta' e *salāq* (o piuttosto *sulāq*) 'tumore'. Ma non trovo che nel *Supplement* del Dozy *zudra* col senso di 'rhume de cerveau' che non concorda con quello che verisimilmente ha *zedri* nel testo etiopico (forse 'furuncolo'?).

* p. 66 ficarono il Signore * e S. Giulio — la cui preghiera e benedizione siano col suo devoto Za-Walda Māryām! Nei secoli dei secoli. Amen.

VII. Miracolo di S. Giulio combattente (spirituale), milite del Figlio di Maria. La sua intercessione sia col suo devoto Za-Walda Māryām e preghi egli il Signore per quello! Nei secoli dei secoli.

C'era nella città di Alessandria un uomo che non camminava affatto con i piedi, perchè aveva la gotta *(niqris)* e cioè un tumore *(salāq)*. Egli era pagano. Ma, quando intese la storia del cieco che aveva visto, ordinò che lo portassero dentro la chiesa di S. Giulio; e, mentre andava, diceva : 'Se io lo tocco con fede, sarò guarito'. Introdotto nella chiesa si prosternò alla reliquia di S. Giulio, dicendo : 'Signor mio, io ti prego per le fatiche che sopportasti pel nome di Cristo: come hai ridato la luce al cieco, così concedi un rimedio alle mie gambe!' Così dicendo, cadde sul volto innanzi alla reliquia di S. Giulio.

Ed ecco S. Giulio entrare in chiesa in quel momento in grande maestà in figura di un uffiziale. Quando quel pagano lo vide, si meravigliò. Ed il santo corse verso di lui e gli disse : 'Perchè sei entrato qui tu che non sei Cristiano e sei salito alla reliquia del santo per venerarlo?' Quindi lo prese per i piedi e lo tirò per stenderlo a terra. Gli si aprirono le gambe e cadde a terra. Alzò il bastone che aveva in mano per colpirlo in testa. L'altro, temendo per sè, si schivò di lato; e gli si rafforzarono le gambe, si mosse e fuggì. Uscì dalla porta della chiesa correndo come un buon corriere sin che scomparve dalla vista e nessuno lo vedeva più. E tutto il popolo, visto l'accaduto, ringraziò il Signore ed il Suo
* p. 67 martire S. Giulio. Qual clamore avvenne quel giorno, dicendosi : * 'Davvero è santo questo Giulio, che coi nostri occhi lo abbiamo visto rivelare la sua possanza!' La sua preghiera protegga il suo devoto Za-Walda Māryām! Nei secoli dei secoli. Amen.

VIII. Miracolo di S. Giulio martire — la cui preghiera e benedizione siano col suo devoto Za-Walda Māryām! Nei secoli dei secoli. Amen.

C'era un uomo nel paese detto Santuario di S. Mena; ed aveva una figlia indemoniata. La prese e la portò alla chiesa per la festa, sperando che essa ottenesse un po'di misericordia; perchè Satana assai la tribolava. E, mentre egli stava con sua figlia in

chiesa, al momento della lettura del Vangelo della messa della Comunione, si intese una voce ed un gran grido come grido di cinghiali o come ruggito di leone. Ed essa allora fu appesa per i capelli della testa. E. S. Giulio prese a tormentare e tribolare di nascosto lo spirito abbietto in mezzo al popolo. Lo spirito vile gridava : 'Risparmiami, padre dei martiri! Io ti giuro che quando avrò visto questa gloria che ti circonda ed i prodigi che Cristo avrà fatto in questa tua santa chiesa, io me ne uscirò da lei nè la attaccherò più mai'. E, dopo che quella ragazza ebbe detto ciò, gridando come un cinghiale, cadde a terra. Era il momento della benedizione della patena e del calice, dopo la comunione del popolo. Ed (il demonio) uscì da lei come un fulmine verso la porta della chiesa, vedendolo tutti i radunati. Allora il popolo levò la sua voce a glorificare il Signore dicendo : 'Davvero abbiamo visto, o Signore, la tua salvazione che hai fatto rivelare dal tuo martire purissimo S. Giulio. Davvero questa è casa del Signore e porta del cielo'. Poi glorificarono il Signore * di nuova gloria, la Sua * p. 68
gloria essendo nella chiesa dei Santi. E l'uomo, la cui figlia era guarita, offrì trenta denari alla chiesa. Poi se ne tornò a casa celebrando il Signore e S. Giulio.

Noi quindi congedammo il popolo in pace e ce ne tornammo alle nostre case, glorificando il Signore ed il Suo martire S. Giulio. L'indomani il principe seguitò a prepararsi per andare dallo Imperatore. Ed io Alessandro scrissi una lettera all'Imperatore, piena di ogni gioia e consolazione. Diceva così : 'Salute a te, o giusto Imperatore! E salute a tutta la tua corte imperiale. O intrepido! o tu che pensi davvero a tutti i Santi, signor mio Costantino. Tu hai cercato e trovato una perla che luce in ogni luogo del tuo impero; che ti sia di aiuto contro ogni nemico verso cui tu vada. Tu sei beato e per te sarà bella opera; chè tu hai edificato per te un altare del Signore ed un santuario nei cieli. Ed in te si è compiuta la parola del Profeta che disse : 'Gli ho dato il desiderio del suo cuore; e la preghiera delle sue labbra non gli ho negato' [1]. Tu sei beato perchè ti sono perdonati tutti i tuoi peccati e sono cancellate le tue colpe. Ed ora, o Imperatore mio signore, per comando di Dio e con l'aiuto di S. Giulio e per la tua diligenza,

[1] *Ps.* xx, 3.

abbiamo costruita la chiesa e l'abbiamo adornata molto di ogni bella cosa ed ognuno che l'ha vista se ne è compiaciuto. Il Signore ha poi fatto in essa molti, innumerevoli prodigi durante la consacrazione : ciechi hanno visto, muti hanno parlato, sordi hanno sentito, sterili hanno partorito e molti si sono salvati dalla morte del peccato. Alcuni si sono guariti dall'epilessia, altri dall'idropisia; altri dal mal di fegato ed altri dalla scabbia ed altri dal vaiuolo. Ed i zoppi hanno corso. Tutti il Signore ha fatto accorrere alla chiesa per rivelare miracoli e prodigi per l'intercessione del purissimo Giulio. Ascolta, o Imperatore mio signore! * [* p. 69] Un prezioso tesoro, che ti aveva mandato il re dell'India, è pervenuto alla chiesa ed è stato il primo che S. Giulio ha salvato dal mare. Ma se tu vuoi che la tua ricompensa sia doppia col santo, edificagli ancora una bella chiesa presso di te, affinchè venga S. Giulio a stare nel tuo paese, come ti disse prima. Ti scriviamo questo, perchè tu sei devoto di Dio e noi lo preghiamo per te perchè tu abbia salute e sii protetto per la possanza della Santissima Trinità'. Così gli scrivemmo e demmo la lettera al principe, che io benedissi e congedai in pace.

Quando l'Imperatore lesse la lettera, comprese tutto e costruì una chiesa grande ed ampia al nome di S. Giulio e la adornò, come mi narrò in una lettera a me diretta, dicendo : 'Davvero essi dissero la verità ed in tutto si è verificato il detto, che vedere con gli occhi è meglio che sentire con le orecchie; chè io ho visto con i miei occhi e sentito con le mie orecchie la salvazione che si può avere da S. Giulio, Ascoltami, ora ti narrerò quel che è avvenuto di vanto e gloria da parte di S. Giulio, martire di Cristo. Quando mi pervenne la parola di vita che io ti comunicai, non indugiai, anzi costruii la chiesa (a S. Giulio) secondo le mie forze. E posi la salma del santo all'altare. Ed ecco avvenne un gran miracolo al momento della consacrazione della chiesa : perchè i piedi del santo trasudarono ed uscì da essi molto olio. E raccogliendolo noi, riempì tre vasi e fu rimedio per molti in quel giorno. Ed io, dopo averlo raccolto, lo ho riposto ed ho glorificato il Signore e S. Giulio, Suo forte martire' — la cui preghiera e benedizione siano col suo devoto Za-Walda Māryām! Nei secoli dei secoli. Amen.

IX. Miracolo di S. Giulio, padre dei martiri — per le preghiere di lui sia clemente il Signore al suo devoto Za-Walda Māryām. Nei secoli dei secoli. Amen *. * p. 70

Ascoltate ancora questo gran miracolo fatto da S. Giulio, martire di Nostro Signore Gesù Cristo. C'era un uomo rispettato nella città di Alessandria ed aveva nome Sēt. Era uomo famoso in Alessandria per la sua arte magica e le sue male azioni. Fu poi una grande abbondanza in tutto il paese, sin che si vendevano 440 misure di grano per una dramma ed un *taran*. E non c'era alcuno che comprasse grano. Ora, poichè i notabili di Alessandria sono commercianti di cereali, quando videro che non c'era alcuno di essi che desiderasse grano e non se ne trovò alcuno che comprasse, si riunirono tutti a consiglio e dissero : 'Se noi restiamo in questa grande città, certo il nostro grano si tarla e non si trova tra noi chi lo comperi; orsù allora andiamo dal mago Sēt, che è stregone e diamogli denaro. Egli saprà come agire e farà che comprino da noi il grano'. Piacque a tutti questo consiglio e, prese duecento libbre di oro e molto argento ed altri oggetti per offrirglieli in omaggio, andarono dal mago e gli dissero : 'Salute a te, o signore e ministro! Siamo venuti a chiederti un nostro desiderio e tu ce lo dirai; perchè noi abbiamo un gran dolore per il nostro grano che per l'abbondanza non si vende e si rovina invano. Prendi questo tesoro e fa che venga una carestia'. Egli prese da loro quelli oggetti e disse : 'Andate e non addoloratevi! Calmate i vostri cuori che vi sarà fatto quanto desiderate'. E quelli se ne andarono lieti e convinti che egli per la possanza della sua mala arte magica avrebbe fatto loro quanto desideravano. Si mosse allora quel mago e cominciò a fare riti magici con mala arte sgradita al Signore.

Egli aveva presso di sè fanciulli che imparavano a scrivere chè egli era un maestro di malvagità. C'era presso di lui un ragazzo orfano, unico figlio di sua madre. E quel mago si rivolse alla madre e disse : Tu sei una vedova, * povera di ogni necessità mate- * p. 71
riale in questo mondo. Dammi il tuo figliuolo che io lo tenga al mio servizio; e gli insegnerò tutta la mia arte che ho in mente senza alcuna omissione. Tu lo vedrai ogni giorno ed il tuo cuore si allieterà per la sapienza che egli avrà appreso'. La povera donna, che non aveva nulla, gli diede il figliuolo lietamente, pensando che quello facesse buone opere con lui, come aveva detto, nè com-

prendendo che invece quello gli avrebbe apportato molte sventure. Allora quello scismatico spudorato ed infedele rinnegato prese con lui molti stregoni per aiutarlo a fare sortilegi per molti metodi. E loro scopo era la scarsezza del grano ed una grande carestia. Quelli presero a decidersi di aiutarlo. E quel mago Sēt prese il fanciullo orfano, figlio della donna, di cui abbiamo detto sopra e lo introdusse in una camera oscura nella sua casa. Lo appese per le mani e gli legò i piedi a terra e lo distese. Cominciò poi quel vile, con i suoi peccaminosi colleghi, a fare cose sconvenienti. E si dedicarono con cura; ed il grano arrivò a dieci *ardeb* per un denaro. *Ardeb* è una misura che equivale nelle misure del nostro paese a 95 misure nostre per un *ardeb*. All'indomani il mago cominciò a tagliare il ragazzo a poco a poco ogni giorno, prendendone dalla testa sino al volto e dal volto sino alle spalle. E si compirono tre giorni e tre notti, nelle quali il ragazzo fu in questo tormento. Sarebbe egli stato lieto se l'avessero ucciso in una sola volta risparmiandogli questo tormento. Ma il rinnegato non gli era pietoso, anzi lo tormentava ogni giorno, aumentando l'ira del Signore e provocando la carestia del grano. Vi fu allora una grande carestia in tutto il paese. Cercavano grano dappertutto e non se ne trovava. Allora la donna, madre di quel ragazzo, andò
* p. 72 da quel rinnegato e gli disse : 'Dove * è mio figlio, signor mio? chè non lo ho visto da tre giorni'. Ma quell'empio trovò un pretesto e le disse : 'Ma io mi meraviglio di te e di quel mi racconti. Da che si è allontanato da me per venire da te non è più tornato. Ed io pensavo che qualcuno gli avesse turbato il cuore contro di me per invidia che tu me lo avevi dato a tenere come un figlio. E, quando è venuto da te, lo hanno preso per forza e lo hanno trattenuto; ed io so che tu sei infiammata di amore per lui ed hai sofferto affanni. Perciò non ti ho informata'. Quella donna allora se ne tornò a casa in gran dolore, gridando e piangendo con cuore infranto ed amari lamenti. I vicini di lei ed i paesani, udendola, si riunirono a confortarla. Chi diceva : 'Tra poco lo ritroverai'. Un'altra parte di essi diceva : 'Forse è affogato in mare'. Altri dicevano : 'Anche noi sospettiamo che sia andato al mare per nuotare e lo ha visto un coccodrillo, lo ha assalito e lo ha rapito'. Altri diceva : 'O forse alcuni marinai lo hanno visto solo e lo hanno

preso via con loro'. Ciascuno a sua volta diceva la sua : o così o in simile maniera. All'indomani (la donna) girò per ogni luogo e non ne trovò traccia, chè quel ragazzo era vivo ed il mago lo torturava ogni mattina. Egli lo supplicava dicendo : 'Uccidimi in una sola volta perchè cessi questo mio tormento ed affanno di cui ogni giorno tu mi torturi'. Il mago sentiva, ma non si impietosiva di lui. Quel ragazzo diceva parole che facevano infiammare le viscere per la pietà innanzi a quel rinnegato crudele. Ma l'altro gli scarificava la pelle e non lo lasciava. E pel troppo dolore (il fanciullo) pianse così : 'Ahimè, ahimè, madre mia! Ahi per la tue ferite che sono maggiori delle mie, perchè non saprai che disgrazia sia avvenuta a me! Ahi al grembo in cui mi portasti ed alle mammelle che mi * allattarono! Dove sei tu, madre mia, chè ver- * p. 73
resti e vedresti l'affanno ed il tormento di tuo figlio? Perchè non son morto insieme con te quando mi concepisti nel tuo grembo? e se no, perchè non son morto, come tutti gli altri, dopo la mia nascita piuttosto che sopportare questa sventura amara? Dove sono quei tuoi occhi, o madre mia, con i quali tu mi osservavi con ansia in ogni tempo? Vengano ora a vedere i miei tormenti! O mia sapienza, rovinata nelle amare opere di Satana! O le tue mani, che mi portarono tre anni! Vieni a vedere il tuo figlio unico, disteso ed appeso, e cui il menzognero rinnegato taglia le membra. Se io avessi con me le mie mani, mi taglierei la testa pur di far cessare questo tormento!' E quella povera donna, madre del fanciullo, girava dovunque e non lo trovava in alcun luogo. Ritornò allora a casa, piangendo amaramente. Quindi le venne nel cuore una gran fede in S. Giulio; e gridava : 'O Dio di S. Giulio, martire di Cristo, se mi farai rivedere il volto di mio figlio, io ti giuro per i prodigi, che tu hai fatto nel nome di Cristo, che io e mio figlio diventeremo cristiani e serviremo di tutto cuore la tua chiesa in ogni tempo della nostra vita'. Ciò detto, entrò in casa; e, trovati due pani, li prese e con uno comprò olio e con l'altro incenso. E con questo, andò alla chiesa col cuore acceso dal dolore. Si avvicinò alla reliquia del purissimo martire S. Giulio e disse : 'O santo del Signore, padre degli orfani e dei derelitti e dei poveri e degli emigranti, da che venisti al mondo sin che andasti al Dio che tu amavi! Poi ci hanno detto che tu molti convertisti dall'errore al Signore tuo

* p. 74 Dio. O mio Signore, presto se avrai sentito le parole del mio pianto * ed il lamento del mio cuore ed il cocente dolore che brucia nella piaga del mio grembo ed il timore che è nella mia anima e mi farai rivedere il volto di mio figlio, ti giuro nuovamente per la gloria ed il grande onore, che tu ricevesti appresso Dio, che io crederò nel Nostro Signore Gesù Cristo, Figlio del Dio vivente, pel cui nome tu spargesti il tuo sangue. Tu conosci la mia miseria, chè nulla io ho da dare alla tua chiesa in ogni tempo della mia vita'. E, ciò detto, sparse quell'olio e diede l'incenso ad un sacerdote che girava incensando il popolo e che lo prese e lo pose presso la reliquia del santo. Essa gli chiese di pregare per lei Dio e S. Giulio perchè le facessero rivedere il figlio. Ed (il sacerdote), vedendo la fede e la fiducia di quella pagana, si meravigliò e glorificò il Signore. Quindi essa se ne tornò a casa e si gettò con la testa in terra per il gran dolore. Ma, alla mezza notte, S. Giulio le apparve e le disse : 'Domattina lévati e va dal magistrato di questo paese e digli così : Sēt, servo della menzogna, venne da me e mi chiese che gli dessi mio figlio per tenerlo come figlio suo, essendo io povera e non avendo chi mi dia da vivere. Avendomi egli chiesto così, io gli diedi il mio figliuolo. Ed egli lo ha preso, lo ha messo in una stanza scura e lo ha appeso. Ed ecco da sei giorni gli taglia le membra, sì che il Signore si è adirato ed ha inviato la carestia nel paese. Ora vieni con me a vederlo ed a dare la tua sentenza contro il mago che non me lo uccida a torto. (Il magistrato), sentito da te questo, ti dirà : Sai il posto? Tu rispondi : Sì, lo so. Quando egli ed i suoi assistenti si muoveranno ed entreranno nella casa di quel rinnegato, io sarò con loro e, come egli ha fatto entrare tuo figlio nella stanza oscura per tormentarlo, così io lo tormenterò. Ti darò tutta la sua casa e tutti i beni che egli possiede e guarirò tuo
* p. 75 figlio dalle sue ferite.' * Dopo aver detto ciò alla donna, S. Giulio disparve.

Quando essa si svegliò dal sonno e vide la luce e trovò che si era levato il sole, si levò presto, e non cercava nè domandava (del figlio) come al solito, anzi tacque. Andò dal magistrato e gli riferì tutto quanto le aveva detto S. Giulio. Il magistrato non indugiò; anzi ordinò che si proclamasse un bando in tutta la città perchè si riunissero i capi ed i cittadini. Quando furono riuniti, si levò e salì sul suo carro. Andò coi suoi assistenti, e la donna li precedeva. Giunsero da quel mago e trovarono che le tre porte (della sua casa) erano chiuse, l'una innanzi all'altra e la terza prima di entrare nel vestibolo che è il luogo dove ci si ferma. Allora S. Giulio apparve in mezzo a quelli che erano là riuniti come uno di loro. Si avanzò e pose il bastone sulla prima porta, che subito si aprì. Giunsero così alla seconda ed alla terza porta, ed egli fece lo stesso e si aprirono. Entrarono allora tutti del popolo, ed egli li guidava; giunsero al luogo dove era quel ragazzo appeso, (luogo) che era una camera buia. S. Giulio entrò lì e cambiò le tenebre in luce splendente; e fu come se non fosse mai stato buio, il bastone, che aveva in mano, diventando quale fiaccola accesa. Lo sollevò perchè tutti vedessero e prese per mano il magistrato ed i notabili e li fece entrare perchè tutti vedessero. E videro così il ragazzo e la sua misera condizione e come egli era appeso e disteso ed il corpo gli avevano macellato ed apparivano le sue ossa. Così vide il magistrato e quelli che erano con lui questo indegno operato del rinnegato; ed una gran paura e terrore si impadronì di loro. Il magistrato ordinò che la deponessero e lo portassero fuori perchè il popolo rimasto all'esterno lo vedesse. Lo videro e si meravigliarono del come * l'anima aveva cominciato * p. 76 a lasciarlo e non gliene era mancato che poco. Disse poi S. Giulio al magistrato circa Sēt il rinnegato : 'Io giudico che tu innanzi tutto gli faccia recidere la lingua. Poi gli farai tagliare le mani con le quali tormentava questo ragazzo. Quindi tagliare quelle sue orecchie che ascoltavano le grida del ragazzo; e non si impietosivano! Poi strappagli quegli occhi coi quali vedeva scorrere il sangue; e non aveva misericordia! Infine tagliagli la testa e brucia il suo corpo al fuoco. E dei suoi beni metà li darai all'erario, e l'altra metà la darai a questa donna col figlio'. Piacque al magistrato ed a tutti i presenti questo discorso. Preso quel rinnegato stregone Set, lo tagliarono a pezzo a pezzo e poi lo bruciarono col fuoco. E, trovate presso di lui molte richezze, ne presero metà per l'erario e l'altra metà la diedero alla donna ed al ragazzo.

Quindi S. Giulio apparve alla donna ed al ragazzo e disse : 'Ecco, io ti ho consolata e tu hai riveduto tuo figlio vivo ed io te lo ho salvato da morte; ed ora lo guarirò dalle sue ferite, come ti promisi. Domattina, quindi, lévati e va alla mia chiesa. Prendi un po' di olio dalla lampada ed ungine il corpo di tuo figlio che guarirà. Quindi fatti battezzare e siate cristiani e glorificate il Signore ed i suoi santi!'. Ed essa fece come le aveva ordinato S. Giulio ed andò alla chiesa santa; e, preso un po' d'olio dalla lampada accesa innanzi alla reliquia di S. Giulio, ne unse il corpo del figlio che fu subito guarito. La donna poi venne subito da me, povero Alessandro Patriarca, e mi narrò tutto quello che era accaduto e che era stato fatto per lei. Io la battezzai col figlio in nome del * p. 77 Padre, del Figlio e dello Spirito Santo, * Dio unico; e rimasero, essa ed il ragazzo, a servire la chiesa di S. Giulio sino alla loro morte. E chiunque vide o sentì, si meravigliò e glorificò Dio ed il Signor Nostro Gesù Cristo ed il Suo martire S. Giulio — la cui preghiera e benedizione siano col suo devoto Za-Walda Māryām. Nei secoli dei secoli. Amen.

X. Miracolo di S. Giulio martire — la cui preghiera e benedizione siano col suo devoto Za-Walda Māryām! Nei secoli dei secoli. Amen.

Ascoltate ancora questo grande miracolo operato da Dio e dal martire S. Giulio, Suo martire purissimo! C'era un uomo che abitava in un paese di Egitto detto Amliṭ. Quest'uomo aveva nome Giovanni Maqārā ed aveva una moglie, fedele e credente, di nome Sara, che non era da meno delle opere di Sara, moglie di Abramo Patriarca, per le elemosine che faceva. Anche Giovanni Maqārā predilegeva l'elemosina e la carità, come Giobbe giusto e puro; chè essi avevano grandi ricchezze in oro, argento e proprietà innumerevoli, schiavi e schiave, pecore e bovini, cammelli ed asini e giardini e navi nel mare moltissime. Ed in tutto erano perfetti in grande felicità; soltanto non avevano figli che andassero innanzi a loro o dopo di loro e ne ereditassero le sostanze. Chè quel Giovanni aveva avuto quattro figli e due figlie, ma neppur uno era sopravissuto ad ereditarne la ricchezza, perchè il Signore lo aveva conservato per mostrare per lui i suoi prodigi; come disse il santo profeta Davide : 'Prodigioso è il Signore nei suoi santi'[1]. Di giorno in giorno quella donna fedele era in dolore e lamenti per non aver figli. E, quando si avvicinò * p. 78 la festa del purissimo martire * S. Giulio che è il 22 (del mese) di *maskaram*, venne da quella fedele donna un'altra donna sua vicina,

1 *Ps.* LXVII, 36.

che le disse : 'Se tu ascolterai il mio consiglio e farai quel che ti dico, io ho fiducia e so che il Signore ti consolerà; chè io ti vedo stare in questo onore e ricchezza grande, ma afflitta nel cuore per non avere figli ed un estraneo erediterà tutti i tuoi beni. Ora ascoltami, sorella mia! Va ad Alessandria insieme con questo popolo che va alla chiesa di S. Giulio. Supplicalo e fagli un voto; chè io ho fiducia che il Signore ti consolerà. Perchè io ho sentito, sorella mia, da quelli che vanno alla chiesa come in essa c'è un gran rimedio : infatti molti che erano come te, andarono là e si compirono i loro desideri. Ed ecco da qui e da altri paesi molti vanno a quella chiesa. Tu muoviti e va con loro per ottenere quanto chiedi'. A quella donna credente piacque molto questo discorso e consiglio; ed, udito dall'altra tutto quanto le aveva narrato, comprese il consiglio di lei; come disse Salomone l'Ecclesiaste : 'Chè l'udire è meglio che l'offrire'. Si rivolse quindi al marito e gli disse : 'O mio caro e buono, tu conosci bene il gran dolore e le sofferenze del cuore in cui io sono per non aver figli. Ho sentito dei prodigi e miracoli che si compiono nella chiesa di S. Giulio in Alessandria e della molta gente di qui che vi si reca. Ora io andrò con loro e gli farò un voto e gli chiederò che venga a noi la sua carità come l'hanno avuta altri molti'. Quando il marito credente udì ciò dalla sua moglie credente si rallegrò assai e disse : * 'Certo il Signore può far compiere queste * p. 79
opere'. Sicchè Giovanni Maqārā disse alla moglie : 'Se il Signore ed il Suo santo accolgono il nostro desiderio, io farò quattro croci di oro di una libbra ciascuna e le darò alla santa chiesa. E farò scolpire la sua immagine in mezzo alle croci'. Ordinò allora quell'uomo, vale a dire Giovanni Maqārā, di far venire una delle sue navi e caricò in essa 200 *ardeb* di grano, 300 vasi di olio e 100 otri di vino per il servizio dell'Eucarestia ed incenso eletto e molti altri doni; e tutto quanto voleva sua moglie Sara lo prese e la mandò con donne pie e fedeli, le quali andavano a quella chiesa per averne benedizione; e le congedò in pace e se tornò a casa glorificando il Signore.

E, quando stavano a metà del cammino, avvenne un fatto che procedette dal nemico e cioè da Satana, nemico del bene. Perchè Sara, la moglie di Giovanni scese dalla nave per riposare un poco e perchè aveva visto sulla via una cosa meravigliosa non mai veduta prima. E mentre essa si muoveva di qua e di là, vi era lì molto

deserto sulla riva del fiume dove era un leone rapitore. Ed (il leone), vista Sara che camminava di qua e di là, la assalì e la rapì di fra le donne che le stavano a fianco. E se ne andò, portandola nella sua tana nel deserto. Quali e quante grida ed urla si udirono dalla gente in quel momento! Vi erano lì quattro altre navi ancorate; e quelli non potevano andarsene senza prima conoscere quel che era avvenuto di Sara e quel che ad essi sarebbe avvenuto. E Sara, mentre stava nella bocca del leone, supplicò in cuor suo S. Giulio e la lingua le aderiva alla gola e le tacevano le labbra; e le fremevano le ossa, le svanirono le forze; e le mancava il cuore; e
* p. 80 dimenticò il suo essere per la troppa * paura e pel terrore non poteva parlare. Ma, quando il Signore la ispirò e le illuminò gli occhi della mente perchè vedesse i prodigi del Suo martire e fosse glorificato Egli per il santo (Giulio), supplicò essa S. Giulio dicendo : 'O mio signore, se tu mi salvi da questa misera e rovinosa morte che mi è capitata all'improvviso, senza malattia nè pentimento! quelli che sono ammalati giacciono sui loro letti sotto il tetto delle loro case e familiari e parenti lontani e vicini vengono a loro e chiedono quel che essi desiderano di cibi e di bevande e quel che preferiscono sia loro offerto Quindi alcuni restano ed altri se ne vanno. Se gli ammalati guariscono e tornano in salute, si rallegrano per loro (i parenti). Se invece si approssimano a morte, chiamano un sacerdote cui confessare i peccati prima di morire. Quindi ne celebrano i funerali con onore e fanno recitare per loro (l'uffizio) come conviene; e, piangendo, li seppelliscono in chiesa. Una simile morte non è morte, ma vita. Morte è invece questa in cui mi trovo io; chè non c'è chi mi conduca un sacerdote che mi confessi e mi assolva dai miei peccati nè c'è alcuno che mi chieda quel che io desideri. Nè c'è chi resti con me, che non ho casa nè letto su cui giacere. Non avrò funerali nè tomba; non avrò chi pianga innanzi a me nè chi si lamenti dietro di me. I denti del leone sono la mia malattia mortale; la sua bocca il mio letto di morte; le sue labbra i miei funerali, il suo ventre la mia tomba. Ahimè che muoio all'improvviso!' E, così dicendo, supplicava S. Giulio e gli faceva voto : 'Se tu mi strapperai dalla bocca di questo leone e sarò salva, in avvenire io ti costruirò una chiesa nel mio paese e scriverò per quella chiesa tutta la mia storia'. Quando ebbe detto questo, essendo nelle fauci della belva, che correva pel deserto con lei, ecco arrivò S. Giulio

all'improvviso e stette innanzi ad esso e lo affrontò montato sul suo cavallo e molti * angeli lo scortavano come soldati. Quando il leone * p. 81 li vide, ebbe paura e sospettando che lo assalissero e lo insidiassero per ucciderlo, lasciò (cadere) la donna dalla sua bocca e se ne fuggì. E. S. Giulio stette alla testa della donna e le tolse la paura e le disse : 'O Sara, moglie fedele di Giovanni Maqārā, non temere! chè io sto con te a proteggerti'. E fece il segno della croce sopra di essa. Ed essa allora aprì suoi occhi e vide la gloria del santo e disse : 'Chi sei tu, signor mio, che sei in sì grande gloria?' Rispose : 'Sono quel Giulio, verso il quale tu vai. Ora, se tu vai e giungi ed entri in chiesa e ti prosterni alla mia reliquia, dì al servo che accende la lampada di darti quei due semi che sono nella lampada. E, quando te li darà, mangiali e va via. Ritornata a casa, concepirai ed avrai due figli. Ad uno metterai nome Eucaristo ed all'altro Teodoro, come i nomi dei miei due figliuoli. Poi concepirai nuovamente e partorirai altri due figli. All'uno porrai nome Giulio ed all'altro Yonyās, secondo il nome mio e di mio fratello; ed io porrò la mia benedizione con voi in eterno. E costruiscimi una chiesa presso di te; e farai dipingere in essa l'immagine mia e quella di mio fratello e dei miei figli. E noi verremo a dimorare in essa perchè vi appaiano grandi miracoli per la possanza di Nostro Signore Gesù Cristo. Adesso muoviti perchè io ti conduca alle navi e ti vedano tutti e glorifichi ciascuno il Signore ed i suoi santi e sia famoso il tuo nome in ogni luogo'. Allora la prese sul cavallo e la portò al luogo dove erano le navi e la pose in mezzo ai compagni di viaggio. E ciascuno andava a guardarla. E, quando tutti videro la donna salva ed intatta, gridarono : 'Kyrie eleison. Un solo è il Signore, Dio di S. Giulio'. Quindi la interrogavano sull'accaduto : del come * si * p. 82 era salvata dalle fauci del leone. E quella narrò loro tutto quanto le era occorso. Quali grida si udirono allora dalla gente per la gioia e letizia a gloria del Signore che aveva salvato Sara dalle fauci del leone! Mentre glorificavano (il Signore), battevano le mani, e cantavano, entrarono in chiesa e glorificarono il Signore e S. Giulio. E passarono sei navi che erano venute con la nave di Sara. Essi presero a raccontare a tutti quelli che avevano trovato nella chiesa e per la via quel prodigio loro fatto. E tutti insieme glorificavano il Signore per la grazia concessa a lei per mano di S. Giulio. E quella donna presentò le sue offerte ed i suoi doni alla chiesa di S. Giulio; e, prosternatasi alla reliquia di S. Giulio, prese dalla lampada quei due semi e li mangiò. Restò quindi due giorni nella chiesa ed offrì un pranzo ai sacerdoti di quel santuario e fece saziare i poveri ed i miseri, gli ammalati e gli orfani. E narrava a tutti quel che le era accaduto. Chi udiva glorificava il Signore e S. Giulio. Essa raccontava che suo marito aveva fatto voto di fare una croce in oro di quattro libbre per gli uffizi della chiesa, se il Signore ascoltasse la sua supplica. Tutti allora la benedivano e le dicevano : 'Il Signore Dio tuo e S. Giulio compiano quel che tu desideri!' Quindi la donna tornò al suo paese, con l'aiuto del Signore e di S. Giulio.

Giunta (a casa), narrò al marito quanto le era accaduto. Ed egli, udito ciò, ringraziò il Signore e S. Giulio. Quindi Giovanni Maqārā conobbe sua moglie, che concepì e partorì due figli, cui posero nome Eucaristo e Teodoro, come aveva detto S. Giulio. Quindi
* p. 83 si conobbero ed essa concepì e partorì altri due * figli, cui posero nome Giulio e Yonyās. Ed in casa loro ed in tutto il paese vi fu grande letizia per i grandi e per i piccoli. Giovanni allora fece fare una croce di quattro libbre di oro, adorna di pietre preziose bianche. Ed in mezzo fece scolpire l'immagine di S. Giulio. E, prese con lui offerte e doni molti, andò alla chiesa; e venerò e si prosternò alla reliquia di S. Giulio e, compiuto il suo voto, tornò al suo paese, glorificando il Signore e S. Giulio. Quindi costruì una chiesa al nome di S. Giulio e la adornò di ogni bella opera; e fece in essa quattro immagini di oro puro, che erano le immagini di S. Giulio, di suo fratello e dei suoi due figli; ed egli (Giovanni) rimase a servire quella chiesa come uno schiavo; sin che fu degno che S. Giulio gli apparve e gli disse quanto conveniva alla salvezza della sua anima. E glorificò il Signore e S. Giulio sino al giorno della sua morte. La preghiera e benedizione di lui (Giulio) siano col suo devoto Za-Walda Māryām! Nei secoli dei secoli.

XI. Miracolo di S. Giulio, martire del Signore. La sua preghiere e benedizione siano col suo devoto Za-Walda Māryām! Nei secoli dei secoli. Amen.

Ascoltate questo altro miracolo che avvenne da Dio e da S. Giulio!

Quando Giovanni Maqārā diede la croce d'oro alla chiesa di S. Giulio, e se ne andò al suo paese glorificando il Signore, c'era un diacono nella chiesa di S. Giulio e quello era assai ricco in oro, argento ed in qualsiasi cosa. Egli era scrivano di un mercante pagano, che comperava vesti di lusso * e profumi da Alessandria * p. 84 e li portava ad Antiochia e Constantinopoli e li vendeva; e lì comprava ancora altre vesti di lusso e profumo e merci di pregio e cristalli e cose simili. E faceva questo commercio che, se trovava in un luogo lontano merci rare, le comprava e le portava ad Alessandria ed in Egitto e le vendeva per molta quantità di oro. Ed il diacono, di cui abbiamo detto sopra che era scrivano del ricco (mercante), quando vide la stupenda bellezza della croce, che aveva donata Giovanni Maqārā, ne ammirò l'arte e la bellezza dell'immagine in essa scolpita, chè era stata fatta con molta scienza ed assai meravigliosa. Quel diacono aveva fede e fiducia in S. Giulio; ed andò dai maestri e disse : 'Io desidero, o padri miei, se voi ascoltate quel che dirò ed il mio consiglio vi piacerà, permettetemi di parlare!' Gli risposero ad una voce e di un sol cuore : 'Di' quel che hai ai tuoi servi! e noi siamo pronti a compiere la tua domanda con gioia'. Chè quelli lo amavano molto ed egli era devoto di Dio ed amante della elemosina. Si rivolse a loro e disse : 'Voi sapete che la croce di Giovanni Maqarā è di grande bellezza e valore. Dunque non la consacrate se non il 17 (del mese) di *maskaram* festa della Apparizione della Croce di Nostro Signore Gesù Cristo. Perchè il giorno, in cui fu donata la croce alla chiesa, è il 22 (del mese) di *naḥasē*. Inoltre io voglio che una colonna, la cui lunghezza sia di dodici cubiti, sia eretta perchè poniamo su di essa la croce e la collochiamo innanzi ai santi (martiri) affinchè quelli che vengono le si prosternino. Però si prosternino essi prima alla Croce, innanzi di andare alle reliquie dei martiri; e successivamente (si prosternino) alle reliquie dei santi martiri'. Quelli, udito ciò, acconsentirono.

Dopo essersi così consigliati, (il diacono) disse : 'C'è una colonna in casa di quel pagano (del quale io sono) [1] scrivano di quel che introita e che esita. * Io la comprerò in onore della Croce e per amore * p. 85

[1] Probabile lacuna nel codice D'Abbadie (de leggere forse : [*wa-ana*] *ṣaḥafihu*[*la-*]*zayabawe*ʾ *wa*[*la*]-*zayawaṣe*ʾ).

dei martiri. Il prezzo di essa colonna in quel luogo lontano fu di 300 denari, e qui è 600 denari ed è alta 12 cubiti ed 8 pollici e molto degna per onorare la Croce'. E quelli, udito ciò, gli dicevano : 'Il Signore ti rimeriti e S. Giulio Suo martire; e faccia duratura la tua agiatezza e ti assista in ogni buona opera'. Dopo che essi così l'ebbero benedetto, il diacono andò dal pagano e passò la giornata a lavorare per lui. Quello lo ammoniva, come era sua abitudine, dalla mattina alla sera. Quindi gli si accostò e gli disse : 'Signor mio, ti prego di dirmi quale è il prezzo di quella bella colonna piccola che sta nel posto detto Tal dei Tali, chè io la cercherei per un mio desiderio'. Rispose il pagano : 'Dimmi che ne farai; perchè io te la dia al prezzo al quale la comprai'. E ciò detto, tirò fuori un libro nel quale era scritto il prezzo così: « Comprai quella colonna nella città di Costantinopoli per 300 denari; e qui il prezzo è di 600 denari ». 'E tu non sai che prima di te il mercante Tal dei Tali mi ha portato 590 denari chiedendomi di lasciargliela ed io ho rifiutato di darla?' Rispose il diacono : 'Questo è vero'. Riprese il pagano : 'Per la salute dei miei occhi pei quali vedo la luce, se tu mi dici che ne farai od a chi la darai, io te la cederò per 300 denari. Se tu mi dirai la verità sotto giuramento (indicandomi) a chi la darai, io te la cederò' Rispose il diacono : 'La voglio dare alla chiesa e collocarla in posto conveniente'. Disse allora il pagano : 'Se anche me ne dai seicento denari, non te la darò'. Rispose il diacono : 'Pigliati i 600 denari! ed ecco anche io sono commerciante ed in un mese non guadagno tanto; comunque tu acconsenti!' Chiese l'altro : 'Quale è la chiesa * cui la daresti?' Rispose
* p. 86 il diacono : 'La darei alla chiesa di S. Giulio'. Udito ciò, il pagano giurò dicendo : 'Per la verità dei miei Dei, se anche me ne dessi tu il peso equivalente in oro, non te la cederei per fartela donare alla chiesa di quello stregone'. E, quando il diacono capì che quello aveva il cuore duro e non voleva cedere la colonna, anzi lo ingiuriò, se ne andò piangendo a casa.

Mentre andava, pensava in cuor suo dicendo : 'Dio te ne rimeriti ed il Suo santo martire Giulio in misura della tua empietà e scisma ed errori molti'. E, prima che egli avesse finito queste parole, ecco in quel momento S. Giulio entrò da quell'empio ed era egli circondato da molta gloria : i militi celesti e cioè gli Angeli andavano con lui. Piantò il suo bastone nel fianco di quel pagano e lo svegliò.

L'altro saltò via con orgoglioso cuore; ma vide S. Giulio e credette fosse un magistrato del paese entrato da lui e ne ebbe gran paura. Si gettò (a terra) innanzi a lui e gli si prosternò. Il santo gli diede sulla testa col bastone che aveva in mano e gli chiese : 'Sai chi sono?' Quello rispose : 'No, signore'. Disse il santo : 'Io son colui pel quale tu hai detto al diacono : « Non darò la colonna perchè tu la doni alla chiesa di quello stregone ». Ora ti si oscureranno entrambi gli occhi ed avrai dolore di testa sino a che darai la colonna e qualcosa di più'. E, ciò detto, disparve.

Subito gli dolette la testa e gli si accecarono gli occhi. E, quando vide la disgrazia che all'improvviso l'aveva colto, gridò a gran voce e con cuore infermo : 'Ahimè! Guai a me per la sventura e le tenebre che mi hanno colpito tanto! O rovina e vergogna che mi hanno colpito in mezzo ai miei fratelli e parenti! Che farò di questi beni e ricchezze? Chè ecco mi hanno tolto la luce di questo mondo * per una colonna! Ahimè! Che farò e che dirò per l'insidia * p. 87 in cui sono caduto'. E diceva queste e simili cose in dolore di cuore e grande tribolazione. Poi chiamò la moglie e le raccontò tutto quanto gli era accaduto. E quella era saggia e gli diceva : 'Ahimè poveretto! La vergogna che ti è capitata fra i notabili di questo paese! Ed ora ascolta quel che ti dirò : Manda a chiamare il diacono e dagli la colonna che la porti in chiesa e preghi per te. Ed io so ed ho fede che guarirai. Non hai sentito tu dei molti prodigi che si fanno in quel luogo. Come mai hai così perseverato ed hai aperto la bocca per ingiuriare quella chiesa? chè perciò ti è capitato tutto questo'. E quello così rispose alla moglie : 'Giuro per questa disgrazia in cui sto e questo tormento che mi è capitato che se io vedrò di nuovo con i miei occhi e mi cesserà questa emicrania, non solo quella darò, ma anche altri 3000 denari, oltre a molte altre offerte in ogni tempo della mia vita'. E quella disse : 'Io so e credo che, se tu darai questo, egli ti guarirà in questa stessa notte prima che sorga il sole'.

Il pagano chiamò due dei suoi servi e li mandò dal diacono per farlo venire presto — ed era mezza notte. Andarono e lo condussero dal loro signore. Quando (il diacono) entrò, gridò il pagano e pianse con cuore commosso e diceva : 'Ahimè! Ahimè! O Teodoro che mi hai svergognato!' chè questo era il nome del diacono suo scrivano. E continuava il pagano : 'Vieni a vedere la vergogna che mi è capitata questa notte. Ora ti prego che tu prenda quella colonna di cui parlasti con me e mi dicesti di darla alla chiesa di * p. 88 S. Giulio ed io rifiutai di dartela. * Chè egli (S. Giulio) è venuto da me questa notte e ha fatto discendere su di me un gran flagello e mi ha tolto la luce degli occhi e mi ha dato una grande emicrania. Ed ora abbi pietà della mia miseria! Prendi la colonna e 3000 denari e portaglieli; e chiedigli per me che mi sia pietoso e che io veda come prima'. Il diacono, quando intese ciò, si rallegrò e meravigliò e glorificò il Signore su quanto S. Giulio aveva fatto a quel pagano in quella notte. Quindi andò a prendere la colonna e 3000 denari e li portò lietamente alla chiesa. Chiamò l'arciprete ed il rettore del santuario e diede loro la colonna ed i 3000 denari. E narrò loro come egli avesse litigato con il pagano per questo e come l'avesse vendicato il Signore sin che (il pagano) desse la colonna ed in più l'oro. Quelli, vista la colonna di marmo, ammirarono la sua bellezza e stupirono della sua forma e gridarono : 'Uno è il Signore Dio di S. Giulio'. E preso un po' d'olio dalla lampada accesa innanzi alla reliquia del santo, andarono tutti e tre alla casa di quel pagano e gli unsero gli occhi e la testa. E pregarono per lui così : 'Dio Signore e la preghiera di S. Giulio ti restituiscano il lume degli occhi ed allontanino l'emicrania dalla tua testa!' Qual miracolo avenne allora nella casa del pagano! Chè una colomba bianca entrò in mezzo a loro e stese le ali sulla fronte del pagano e quello subito vide; e quindi essa non fu più vista. E, ciò veduto, il sacerdote ed il rettore del santuario ed il diacono gridarono : 'Kyrie eleison. Uno è il Signore; e S. Giulio è il martire purissimo di Nostro Signore Gesù Cristo'.

* p. 89 Il pagano a questo miracolo fu preso da gran terrore * e rimase una lunga ora col cuore attonito. E, quando si calmò e tacquero le sue agitazioni, si levò ed entrò in un luogo segreto che c'era in casa e tirò fuori un braccio di oro del peso di 4 libbre e quattro pietre preziose e ricche vi erano incastonate. Questo egli l'aveva assai caro e prezioso e stimato più che ogni altra richezza. Poi vesti pregiate e profumi ricercati. E diede tutto al diacono dicendo: 'Dalli alla chiesa per la guarigione ottenuta!' Quindi il pagano si convertì dalla via dell'errore e diventò cristiano con tutti i suoi

familiari. E diede alla chiesa arredi (sacri) e molto oro in elemosina; ed erano arredi perfetti ed eletti in ogni bella arte, a gloria di Nostro Signore Gesù Cristo e del suo purissimo martire S. Giulio, la cui preghiera e benedizione siano col suo devoto Za-Walda Māryām. Nei secoli dei secoli. Amen.

XII. Miracolo di S. Giulio martire — la cui benedizione sia col suo devoto Za-Walda Māryām! Nei secoli dei secoli.

Poi il diacono perseverò ed innalzò la colonna innanzi ai santi. Consacrò la croce il 17 (del mese) di *maskaram* e la pose sulla colonna a gloria del nome di Nostro Signore Gesù Cristo. Si radunarono tutti i cittadini, grandi e piccoli e vennero alla chiesa a vedere la croce d'oro posta sulla colonna.

C'era una donna ebrea di Alessandria. Questa aveva udito dai suoi vicini la gloria di quella croce ed essi dicevano : 'Su, andiamo oggi alla chiesa di S. Giulio a vedere la croce d'oro elevata sulla colonna. Non c'è nulla di simile al mondo'. E quella poveretta corse ed entrò in chiesa * in gran fretta. Si fermò innanzi alla croce, ed essa era mestruante, e vedendo l'immagine di S. Giulio che era sulla croce, si meravigliava. Ad un tratto spalancò la terra le sue fauci e la inghiottì sino a metà della sua altezza. Quale miracolo e prodigio fu allora! Vi riveleremo, o figli carissimi e popolo fedele di Cristo, la magnificenza del Signore e del Suo martire purissimo S. Giulio. Chè ecco di su la colonna dove era la croce scese un fuoco e bruciò le vesti umide di sangue mestruale che quella poveretta aveva indosso. Ed i capelli della testa e la fronte le si bruciarono. Ed il popolo lì presente gridò e la circondava per vederla ed essa gridava : 'Ahimè, padri miei santi, davvero merito proprio di morire per le mie molte cattive azioni che ho ardito (commettere). Anche oggi sono entrata in questo santo luogo, avendo io le regole delle donne e cioè i mestrui. Ora io vi prego, padri miei santi, che chiediate per me al Signore che separi la mia anima dal corpo, chè la morte è migliore di questa disgrazia in cui mi trovo. O vergogna, che mi è capitata, maggiore che a quante donne vivono sulla terra! O grandissimo peccato che ho fatto senza intelletto ma per follia, che pure sta scritto : Allo stolto che pecca senza intelletto non gli si computa peccato!'[1] E, ciò dicen-

* p. 90

1 Cfr *Prov.*, XIV, 9.

do, supplicava così il Signore e S. Giulio : 'Abbi pietà della mia miseria, chè io sono sfinita. Io ti giuro, per la gloria che ti circonda e pel timore che ho sentito nella tua santa chiesa, che se io sarò salva e tornerò come prima, non farò più questo sino al giorno della mia morte'. Essa così diceva ed il popolo pregava per lei
* p. 91 sino alla fine * della messa. Finita (la messa), vennero i sacerdoti al luogo della croce per inneggiare innanzi ad essa, come è l'uso degli Alessandrini, prima di congedare il popolo in pace. E mentre quelli cantavano in soave melodia, ecco entrò il santo nella chiesa in figura di un capo militare dell'Imperatore, montato su di un cavallo che correva come chi insegua un nemico. Quando il popolo lo vide, si maravigliò e si agitavano di qua e di là. Ed egli, giunto da quella donna disgraziata, le battè la testa col bastone che aveva in mano. Allora sorse ed uscì dalla terra e cominciò a correre ed uscì dalla porta della chiesa ed era nuda, senza veste. Tutti la vedevano sin che sparve agli sguardi. Gridò allora il popolo : 'Unico è il Dio di S. Giulio'; e molti pagani furono allora battezzati in nome del Padre, del Figlio e dello Spirito Santo, Dio unico e si ebbero il perdono dei peccati per la preghiera di S. Giulio — la cui intercessione protegga il suo devoto Za-Walda Māryām! Nei secoli dei secoli. Amen.

XIII. Miracolo di S. Giulio martire — la cui benedizione protegga il suo devoto Za-Walda Māryām! Nei secoli dei secoli. Amen.

Ascoltate ancora questo gran prodigio del Signore e del Suo purissimo martire S. Giulio! C'era un paese noto, dal lato di Occidente, sul lido del mare di Alessandria. Gli abitanti di quel paese erano detti Qis. Avevano molti cammelli e pecore. Il terzo giorno dopo che era stata eretta la colonna e collocata su di essa la croce, la storia fu conosciuta e la fama se ne diffuse in tutti i paesi attorno Alessandria e nella provincia e nei paesi dell'Egitto. Il nome del loro capo era Abu Žarži, nella lingua locale. Egli aveva un figlio di testa dura e di cuore aspro, orgoglioso più che tutti i
* p. 92 suoi parenti. Quando * udì che molti loro compagni si dicevano : 'Su, andiamo a vedere questo miracolo dei Cristiani che è adesso avvenuto!', anche egli chiese a suo padre che gli permettesse di andare con loro alla chiesa. (Il padre) gli disse: 'Va'; ma gli raccomandò prima che, se voleva andare a quel santuario, prendesse

offerte da portare lì. La metà erano suoi parenti, e l'altra metà suoi amici. Perciò erano contenti di andare a quella chiesa. Quindi andò con loro questo giovane, di cui abbiamo detto sopra.

Egli non era mai stato prima ad Alessandria nè mai in una chiesa. Ed, entrato in chiesa, vide il popolo affollarsi e gareggiare nel proternarsi alla santa Croce ed all'effigie dei santi purissimi martiri. Il giovane, quando vide la fede del popolo nella Croce e nei martiri, gli riempì Satana tutti le articolazioni del corpo; e, guardando alla gloria della Croce ed all'onore della santa icone effigiata su di essa, chiese al popolo : 'Di chi è l'immagine effigiata su questa croce?' Gli risposero : 'Del patrono di questa chiesa'. E quello tornava a chiedere : 'Dove è il patrono di questa chiesa?' Ed il popolo rispondeva : 'Non vedi quel gran feretro che è su quel giaciglio? Eccolo'. E l'altro diceva : 'Se il patrono di questa chiesa è morto ed essi pure gli fanno questi grandi onori, io so che c'è da fare'. E, ciò detto, andò verso la Croce come a prosternarsi. Ed ardì, nel suo duro cuore, ed afferrò con la mano l'asta della Croce e la sbattette in terra e fece strisciare l'icone per terra, burlandosi di essa. Poi scappò andando indietro. Ed il popolo, * visto quel che il rinnegato aveva fatto, lo inseguivano * p. 93 tutti per ucciderlo. Il giovane era forte ed aveva le gambe agili alla corsa. Uscì dalla chiesa correndo perchè il popolo non lo raggiungesse e lo uccidesse. Ma, correndo cadde, e quanto (di visceri) aveva in grembo si sparse a terra; ed il ventre gli divenne come una nuda otre. E quello pensava soltanto a quello che gli sarebbe toccato. Il popolo tutto, quando vide quel che gli era accaduto, ebbe timore grande; e gridava: 'Kyrie eleison! Unico è il Dio di S. Giulio e non c'è altro Dio che Lui. Perchè Egli si è vendicato dei nemici del Signore e nemici della retta fede'. E tutti si riunirono fuori della chiesa pregando. Ed il giovane stava abbandonato e vedevano tutti ciò che gli usciva dal ventre, rivoltandosi egli di qua e di là, mentre stava innanzi a loro [1] ed era vivo. Mentre stava così, vide venire un cavaliere simile ad un uffiziale seguito da militi celesti e cioè Angeli. E, giunto presso quell'infortunato, il cavaliere lo afferrò per i capelli ed essi erano ricciuti. E, presolo, lo portò alla soglia della chiesa e

1 Probabilmente così è da emendare (*qedmē-homu*) il *qedmē-hu* del codice D'Abbadie.

cioè al sagrato esterno, dove si vendono tutte le merci necessarie. Vi erano lì molte fiaccole appese innanzi alla chiesa per illuminare i venditori ed i compratori e quelli che stavano intorno alla chiesa all'entrata ed all'uscita; chè lì lo aveva appeso ad un ramo che aveva tolto dalla croce. E vi era un'altra lampada che illuminava in un candelabro, innanzi a quell'empio. Qual miracolo avvenne allora! Chè una lingua di fuoco si levò dal candelabro e bruciò il volto dell'empio e prese a divorarlo. Quello gridava nella lingua del suo paese : 'Sono morto! Sono morto : Ahimè! quale male io
* p. 94 feci * sin che mi ha così colpito il Dio dei Cristiani. In verità tu sei il Dio forte e vendicatore. Chi porterà le mie notizie a mio padre e mia madre? perchè vengano a vedere questa mia sofferenza e questo terribile tormento che mi ha colpito ed offrano ricchezze alla chiesa prima che esca l'anima mia, e mi liberino da questa sciagura nella quale adesso mi trovo'. Ed il popolo, quando vide quel che era avvenuto prima, glorificò il Signore ed S. Giulio, martire di Cristo. Ed il padre, la madre ed i parenti si affrettarono di andare a quella chiesa; e lo trovarono appeso sull'asta della croce ed il fuoco gli bruciava la faccia. Piansero e gridarono ed a tutta la gente ancora si turbò il cuore. Quindi il padre e la madre fecero voto di 400 denari alla chiesa perchè il popolo pregasse il santo per lui affinchè fosse liberato da quella sventura. Quindi tutto il popolo si prosternò innanzi all'altare; e supplicavano il Signore e S. Giulio così : 'Liberalo da quel tormento!' Ed al compiersi del terzo giorno cadde a terra e morì. Ed il padre e la madre presero vergognosamente il cadavere e lo portarono a seppellire nel loro paese. E chiunque vide o sentì questo miracolo glorificò il Signore ed il Suo purissimo martire S. Giulio. Tornarono poi il padre e la madre alla chiesa e diedero i 400 denari. E solevano dare ogni anno altrettanto o più, a gloria del Signore e di S. Giulio martire — la cui benedizione sia col suo devoto Za-Walda Māryām! Nei secoli dei secoli. Amen.

XIV. Miracolo di S. Giulio martire — la cui benedizione protegga il suo devoto Za-Walda Māryām! Nei secoli dei secoli. Amen.

Ascoltate ancora questo altro miracolo fatto dal Signore e da S. Giulio. C'era un magistrato, che aveva potestà a Maryuṭ e nella
* p. 95 provincia. Era uomo assai duro di animo, * di aspetto assai brutto.

Aveva sposato una donna cristiana, contro il volere di lei. Questa era prima maritata ad un cristiano di fede ortodossa perfetta, che aveva una gran devozione per S. Giulio. Egli aveva molti terreni; e soleva dare ogni anno seicento otri di vino alla chiesa di S. Giulio durante tutta la sua vita. E, quando giacque per malattia mortale, come è umano destino, dispose che la moglie non trascurasse di dare ogni anno quell'offerta alla chiesa. La donna, poi, che era pronta ad ogni opera buona ed amante della carità e delle elemosine, rispose così al marito : 'Sin che sarò in vita io, non trascurerò di fare così ogni anno sino al giorno della mia morte'. Ed, ultimate queste disposizioni alla moglie, egli morì e riposò nella fede di Cristo e fu sepolto dalla fedele sua moglie. Dopo molto tempo, quel magistrato di cui abbiamo detto sopra che aveva potestà in Maryuṭ e provincia, cercava una donna nobile da sposare. Ed alcuni gli proposero quella donna, vedova dell'uomo rispettabile e devoto di Dio. Egli la tolse con la violenza contro la volontà di lei. Quando venne il tempo della vendemmia, prima di tutto, si occupò la donna dei 600 grandi otri e le riempì di vino e vi scrisse sopra il nome di S. Giulio e li sigillò che potesse mandare a dire al rettore di quella chiesa che inviasse a ritirarle. Ma il magistrato, marito di lei, le disse : 'Che c'è scritto su quelle otri e di chi sono?'. Rispose : 'Sono una offerta votiva che il mio benedetto marito faceva alla chiesa di S. Giulio ad Alessandria ogni anno'. Quell'empio non le rispose una sola parola; anzi pensava in cuor suo così : 'Non ne lascerò nè farò restare una sola * di quelle (otri) e non * p. 96 se ne troveranno più affatto; ma invece me le berrò coi miei amici e compagni. E non ne resterà alcuna da dare alla chiesa'. Così ogni giorno apriva la cella del vino e prendeva da bere. Quella gli diceva : 'No, fratello mio, non prendere il vino di S. Giulio chè non ti venga addosso un flagello e ti maledica ognuno che ti vede o sente. Anche a me, mi viene un gran dolore nel cuore per questo che tu fai'. L'empio allora non tralasciò di prendere (il vino). anzi ne beveva ogni giorno. E le rispondeva : 'Dunque i Cristiani così sono di cuore ottenebrato e matti che prendono le offerte e vanno ad un morto e gli dicono : Mangia e bevi! Mangiano forse i morti o bevono? O matta e di cuore ottenebrato, mi conviene che io lo faccia bere da un altro?'. Diceva la donna : 'Ecco venti otri di vino che io ho messo da parte, all'infuori di quello che ti spetta come omaggio doveroso. Queste ti bastano e non prendere di quello della chiesa!' L'altro replicava : 'Se anche io avessi mille otri di vino, non ne lascerai una sola di quelle senza berla'. E, quando essa vide la sua ostinazione, gli disse : 'Il Dio di S. Giulio te ne domanderà conto e se ne vendicherà'. Quello era costante ogni mattina nel bere il vino della chiesa.

Quando fu il 21 *maskaram,* la vigilia del 22 : giorno della festa di S. Giulio, si riunì molto popolo alla chiesa per la festa di S. Giulio. Ma quell'empio diede un pranzo ed invitò in casa molti a mangiare e bere. E, finita la mensa, si levò quell'Abrokoros, che significa 'principe', per cercar loro da bere. Andato alla cella del vino della chiesa, ne prese dieci otri e le presentò perchè le bevessero con lui insieme. La moglie lo supplicava dicendo : 'Abbi vergogna e temi
* p. 97 il Signore e sii pio con i Suoi santi! C'è il vino tuo; e tu * prendi invece il vino della chiesa. Lascialo, che Egli non starà quieto con te nè ti sopporterà, anzi si vendicherà e ti ucciderà presto'. Quando essa ebbe così detto, l'empio la schiaffeggiò e la sbattè a terra dicendo : 'Chi è questo Giulio che io debba dargli il vino?'. La donna assai soffriva nel cuore e diceva così : 'O signor mio S. Giulio, certo tu puoi far giustizia di chi ti offende'.

E l'empio prese tutto il vino e lo presentò innanzi ai convitati riuniti presso di lui. Ed invitò a bere. Ma quando aprì la prima otre, subito saltò via; chè uscì da essa un serpente grande e nero, della lunghezza di cinque braccia, e gli si avvolse al collo e cominciò a mangiargli la carne, sin che lo fece arrivare alla chiesa di S. Giulio. Esso (serpe) era uscito dalla sua dimora (nell'otre) all'ora nona. E S. Giulio stava affrettandolo sin che giunsero alla chiesa al tramonto del sole. Il serpente gli mordeva la carne e lo spingeva come vendicatore. E, quando arrivò alla chiesa, non lo capì, sin che si trovò appeso per i capelli e molti colpi lo colpivano alla testa : colpi che venivano dal santo. S. Giulio allora ordinò così al serpente : 'Strozzalo sin che gli esca la lingua dalla bocca'. Subito lo strozzò e la lingua gli uscì di bocca per un palmo. Ed il poveretto gridava in gran pianto e cuore infermo : 'Ho peccato contro di te, o martire purissimo di Nostro Signore Gesù Cristo; chè io non conoscevo i prodigi della tua magnificenza nè la grazia delle guarigioni che è nella tua chiesa purissima. Davvero sono degno di morte che ho peccato contro me stesso. Mia moglie me lo diceva e si affannava a gridare e pregarmi sempre; ed io non la stavo a sentire, anzi la ho percossa per il tuo vino. Ora io giuro * per * p. 98 la gloria che ti circonda, o martire purissimo, che, se tu avrai pietà di me e mi salverai, io ti darò per la tua chiesa, invece delle dieci otri che ho bevute, cento otri e duecento denari'. Questo diceva ed altre simili cose dal mattino sino all'ora nona. Ed al tempo della celebrazione della messa del giorno di S. Giulio, lo videro tutti quelli che venivano per la festa e furono presi da gran terrore e gridavano : 'Sei grande, o Signore, e retto è il tuo giudizio per il quale fai prodigi ai tuoi santi'. Dopo aver detto ciò, i sacerdoti ed il popolo pregarono il Signore di S. Giulio di aver pietà di quel poveretto. Il santo accolse la loro preghiera e lo fece scendere, liberandolo a poco a poco, sin che egli stette in piedi. Nè sapeva alcuno chi l'aveva fatto entrare in chiesa e chi l'aveva appeso, se non egli solo. E tutti gli chiedevano : 'Che avevi fatto che ti è capitata questa disgrazia?' Egli raccontò loro quanto aveva fatto; ed essi, udito ciò, dissero : 'Davvero, o Signore, i tuoi giudizi sono giusti'. Ed egli li pregava che chiedessero a S. Giulio che allontanasse quel serpente dal collo. Quando ebbero fatto una preghiera per lui, il serpente si sciolse subito, gli discese dal collo e se ne uscì per la porta della chiesa nè alcuno seppe dove era andato. E quell'Abrokoros, che significa 'principe', rimase due giorni stordito e con poca coscienza per la disgrazia toccatagli. Poi, tornato in sè, chiese al rettore (della chiesa) che mandasse con lui i suoi servi. E, passato con loro alla sua dimora, consegnò loro le otri di vino della moglie ed in più cento otri del suo e 200 denari. Caricato il tutto sui suoi asini, li mandò alla chiesa. La moglie gli diceva : 'Non ti avevo avvertito di non opporti e non desiderare il vino * della chiesa se non volevi ti capitasse male?' Ed il suo * p. 99 tesoriere e gli amici e tutti del paese domandavano come egli stava e che gli era accaduto; ed egli narrò loro quanto S. Giulio gli aveva fatto. E chiunque udì si meravigliò e glorificò il Signore ed il Suo santo martire Giulio — la cui preghiera e benedizione siano col suo devoto Za-Walda Māryām! Nei secoli dei secoli.

XV. Miracolo di S. Giulio martire — la cui benedizione protegga il suo devoto Za-Walda Māryām! Nei secoli dei secoli. Amen.

Ascoltate ancora questo miracolo fatto dal Signore e da S. Giulio

a gloria del nome di Nostro Signore Gesù Cristo! Il Signore aveva portato una mortale epidemia che colpiva solo i fanciulli e bambini. Allora non si trovò in quella città nè chi allevasse nè chi fosse allevato ed in tutti i paesi di Alessandria e provincia; anzi tutti perirono. C'era uno dei cittadini che aveva tolto una moglie credente; ed erano stati insieme quattordici anni senza avere figli. E, dopo questo tempo, essa partorì un figlio maschio, che era assai bello di aspetto e piacevole a quanti lo vedevano. La moglie poi disse al marito : 'Ecco io vedo che la morte porta via in questo momento tutti i bambini; e temo per il mio figliuolo che non muoia. Perciò lo voglio portare alla chiesa di S. Giulio ed offrire per lui un voto. Se il Signore mi ascolterà e S. Giulio salverà dalla morte il mio figliuolo sin che abbia dieci anni in casa mia, io giuro, per i grandi prodigi ed i molti miracoli che (S. Giulio) fa, che glielo darò perchè serva ed aiuti nella chiesa e glielo abbandonerò che sia egli schiavo del santo in ogni tempo della sua vita. E, se il mio cuore sentirà nostalgia e sarà turbato per lui, io andrò a vederlo (in chiesa) una volta
* p. 100 all'anno. È meglio * questo che se me lo si toglie senza che io me ne sia saziata! E tu non avrai nè genererai altro figlio che questo'. Il marito, udito questo discorso, acconsentì e, presa la moglie ed il figlio, li fece montare su di un asino e se ne andarono alla chiesa di S. Giulio. La madre presentò un'offerta, come aveva promesso in casa sua. E stettero tre giorni in chiesa a pregare per il loro figlio perchè il Signore e S. Giulio lo salvassero dalla morte, sin che essi se ne saziassero.

E, mentre essi dormivano entrambi nella chiesa alle ore due di notte, la donna si rivolse e disse al marito : 'Io desidero, o mio signore e fratello, di conoscere questo mistero della morte dei fanciulli e dei bambini. Il Signore li toglie dunque ai loro genitori per i peccati di costoro oppure per altra ragione?' Rispose il marito : 'Nessuno può conoscere questo mistero se non i sacerdoti soltanto'. Riprese la moglie : 'Se il Signore mi ha fatta degna di venire in questo tempio, non me ne andrò che il Signore e S. Giulio non mi abbiano prima consolata a proposito di questo mistero. Dunque domattina, quando ti leverai, conducimi dal Patriarca Alessandro perchè io lo interroghi su questo punto'. Chè tutti gli abitanti della regione avevano un grande affanno nel cuore. Ed al mattino andarono dal Patriarca e furono da lui benedetti e si fermarono. Poi la donna si rivolse al Patriarca e gli disse : 'Perdonami, padre! La tua serva vuole dire una parola dinanzi a te'. Quello disse : 'Parla senza paura!' Essa riprese con grande sincerità : 'O mio signore e padre, non sei tu che ignori il grande flagello che Dio ha arrecato ai fanciulli e bambini. Egli li toglie ai genitori * in tutta la regione. Dunque, * p. 101 padre mio santo; desidero che tu consoli il mio cuore e mi spieghi se il Signore toglie via (i bambini) a causa dei peccati dei loro genitori oppure per altra causa'. Rispose il Patriarca nostro padre : 'Figlia, non è così; anzi il Signore ha visto che la maggior parte dei figliuoli dell'umanità sono andati in luoghi di tribolazione per la mala opera di Satana. E lo Sceol ne è pieno, mentre il Paradiso ne è vuoto. Perciò egli toglie i fanciulli per il Suo Paradiso perchè ne siano ornamento'.

Ancora quella donna credente tornò a prosternarsi al Patriarca e riprese : 'Mi è rimasta ed ho ancora un'altra questione di cui voglio chiederti e che tu mi spiegherai a conforto del mio cuore'. Rispose (il Patriarca) : 'Bene, figliuola mia; chè tu chiedi di cose buone'. Essa ricominciò : 'Perdonami, padre!' E si rivolse quindi così a lui : 'Satana cadde dal cielo negli abissi dell'oceano prima della creazione dell'uomo oppure dopo?' Ed allora quel santo teologo, principe degli ecclesiastici e dottore dei misteri le rispose : 'Come ti chiami tu? e di chi sei figlia tu, che mi chiedi di conoscere cotesto profondo mistero?' Disse lei : 'La tua serva si chiama Sofia. Sono figlia del sacerdote Giovanni di Tarawzā'. Riprese il Patriarca : 'Chi sono io, povero e debole, per conoscere una questione come cotesta di cui mi interroghi?' Ma essa molto lo supplicava che le rivelasse quella questione e diceva : 'Padre mio santo, non allontanarti da me e non celarmi (la spiegazione)!' Le rispose (il Patriarca) : 'Va in chiesa ed aspetta sino a domani! chè io so e confido che il Signore consolerà il tuo cuore per tutto quanto tu chiedi'. Quindi essa andò ed aspettò sino al giorno dopo. Ed il Patriarca nostro * padre andò alla reliquia di S. Giulio e lo pre- * p. 102 gava così : 'Martire di Cristo, prega per me il Signore che mi riveli questo mistero arcano di cui mi ha chiesto quella donna!' Ciò detto, si ritirò nel luogo del suo giaciglio ed, a mezza notte, ecco S. Giulio entrò dal Patriarca Alessandro e gli disse : 'Dice il Signore che la questione e la legge di Satana fu così. Ab initio e con frode egli indusse in errore gli Angeli suoi compagni e li

allontanò dal Signore. Ed il Signore pazientò con lui. «Ma quando creai il cielo e la terra, creai l'uomo a mia immagine e somiglianza; ed il mondo e vidi che quel che era in esso era molto buono. Satana era amante di primeggiare ed amante di frode ab initio. E gli Angeli, che erano al suo comando, avevano lo stesso desiderio che lui, prima dell'errore. Io lo mandai nel mondo con tutte le schiere che erano con lui e che diventarono demoni». E disse Dio a Satana «Va e prova le opere di questo mondo che io ho creato : se ti piacciono». E Satana, visto che il mondo era buono, si inorgoglì nel cuore e disse ai suoi compagni : «Io salirò sulle alte montagne e lassù sarà il mio trono e sarò simile all'Eccelso e dominerò tutto il mondo ed avrò potestà sulle acque». E, dopo poco tempo, salì al cielo; ed il Signore gli chiese : «Ti è piaciuto il mondo? Ecco io ti ho dato potestà su di esso» chè Egli sapeva quel che (Satana) ne aveva pensato e volle dargli un appiglio per non cadere dalla magnificenza della sua gloria. Ma Satana fu orgoglioso nel suo consiglio. Poi andò di nuovo e provò e cercò. Quindi disse : 'Voglio conoscere la norma e l'azione della Divinità affinchè, quando sarò disceso e l'avrò compiuta, non mi ritragga dal volere (il sommo potere)
* p. 103 * e ricerchi Dio di nuovo'. Quando ebbe così pensato Satana di toglier via, nella sua follia, la Divinità presto ed il Signore ne vide l'orgoglio e la insolenza di cuore per le quali voleva diventare Dio ed esser maggiore degli Angeli suoi compagni, ordinò alle possanze celesti di circondarlo e spogliarlo della sua gloria. E lo circondarono e lo spogliarono della sua gloria e gli tolsero gli onori di Arcangelo e di Angelo. Ed il Signore ordinò ad uno dei Cherubini, forte e possente, che era uno dei Quattro Animali, che lo schiaffeggiasse con la sua ala; e quello poi lo legò e lo gettò nell'abisso dell'oceano di fuoco per mille anni. Quindi egli sarà ancora giudicato nel giorno novissimo. Questa è la spiegazione del mistero'. E S. Giulio, detto ciò al Patriarca, disparve.

All'indomani la donna andò da lui ed egli le spiegò tutto quanto le aveva detto S. Giulio. Essa ascoltò e se ne meravigliò e glorificò il Signore che aveva accontentato il desiderio di lei circa la morte dei fanciulli e circa Satana. E se ne andò a casa glorificando il Signore, lieta per la consolazione avuta. Il figlio fu protetto (dal santo) e raggiunse i dieci anni. Quindi essa lo prese, lo lavò con acqua, lo vestì di vesti pregiate e lo profumò con unguenti odorifici ed altri soavi profumi di valore e diceva : 'Lo offrirò come offerta e lo presenterò come ostia a Dio ed a S. Giulio'. E fece ciò il 21 (del mese) di *maskaram* portandolo in chiesa.

Ed ecco S. Giulio le apparve su di una fulgida nube e rapì il fanciullo, mentre la madre vedeva. E volò in aria e lo portò e collocò sul giaciglio sul quale è la sua reliquia. E il popolo lo vedeva sdraiato sul letto senza fatica. Ciò avvenne la vigilia della festa di S. Giulio. * E la madre così gridava : 'Venite a vedere S. Giulio * p. 104 come ha preso e rapito mio figlio portandolo nella sua chiesa!' E chi la udiva glorificava il Signore; ed essa si allietava e diceva : 'Il Signore mi ha consolata ed ha accettata la mia ostia ed offerta e cioè il figlio mio che gli ho votato'.

Ed all'indomani mattina si levò ed andò in chiesa e trovò il figlio che abbracciato alla reliquia di S. Giulio la baciava. Ed essa gridò : 'Io ti celebro, o Signor Nostro Gesù Cristo, Dio di S. Giulio, taumaturgo per i tuoi Santi!' Ed il popolo, che era riunito in chiesa per la festa di S. Giulio, venne tutto dalla donna. E le chiedevano del fatto. Essa allora li informava di quanto le era accaduto e del fanciullo che era suo figlio e diceva : 'Sì, questo è il mio unigenito'. Quindi consegnò il figlio al rettore e se ne andò al suo paese glorificando il Signore, i Suoi purissimi martiri e S. Giulio martire — la cui preghiera e benedizione siano col suo devoto Za-Walda Māryām! Nei secoli dei secoli. Amen.

XVI. Miracolo di S. Giulio — la cui preghiera e benedizione siano col suo devoto Za-Walda Māryām! Nei secoli dei secoli. Amen.

Venite ora chè vi narrerò ancora questo gran miracolo accaduto ai miei tempi — di me, povero Alessandro —a gloria del Signore e di S. Giulio. C'era un piccolo convento, sopra una collina, fuori Alessandria, in cui erano 30 vergini monache. E vicino ad esso, nei dintorni, c'era una gente di quelle chiamate : Barbari. E questi Barbari venivano in Egitto per combattere con i Romani, chè quel convento era dei Romani. Erano (i Barbari) seicentomila, validi e forti in guerra e tutti pagani. Si mossero, * avanzarono * p. 105 ed assalirono i paesi di Alessandria e tutti i conventi che erano vicino ad essa. Così entrarono anche in quel convento di vergini e distrussero quanto conteneva. C'era allora fra le monache una giovane vergine, i cui genitori l'avevano votata e lasciata nel monastero per il nome di S. Giulio, sin da quando essa era piccola di tre anni. Quando i Barbari la videro, si commossero e meravigliarono molto per la bellezza di lei e la sua figura e la sua graziosa persona. E si dicevano fra loro : 'Davvero non abbiamo visto un'altra figura come questa ragazza'. E la trassero a parte dalle sue compagne, dicendo : 'Che faremo di questa?' Alcuni dicevano : 'Tiriamola a sorte!'. Altri dicevano : 'Vendiamola per denaro'. Altri ancora dicevano : 'Diamola al nostro *awfāri*!' e cioè capo. E simili cose si dicevano tra loro quegli empi a proposito della fanciulla. Essa aveva anche grande fede e fiducia in S. Giulio durante tutta la sua vita, ed aveva fatto dipingere l'immagine del santo su di una tavola di legno ed aveva posto l'icone nella sua camera perchè le fosse di aiuto. Sempre teneva sotto l'icone una lampada davanti; e la profumava con odori e la incensava e la supplicava che la salvasse dalle insidie dell'Inimico. Quando quei pagani la presero dal luogo, dove stava, per portarla fuori, essa levò gli occhi a S. Giulio e disse : 'Signor mio S. Giulio, martire di Cristo, sièmi oggi commilitone e salvami da questi empi che non avviliscano la mia verginità; e tu mi farai giungere a Dio'.

Quando quegli empi vollero condurla al loro re, essa si rivolse loro dicendo : 'Aspettatemi un poco che io vada a prendere una cosa buona pel vostro re; ed ecco sarà di molto valore'. E quelli, per il loro troppo amore per lei, furono lieti quando essa parlò loro
* p. 106 con voce * soave e la lasciarono portare (quel che voleva). E quella saggia e prudente, entrata in camera, prese un vaso e lo riempì dell'olio della lampada che stava innanzi a S. Giulio; e tornò da loro lietamente e diceva uscendo : 'Signor mio S. Giulio, sta con me sin quando io riceva la corona del martirio e venga da te nella mia purità'. E, ciò detto, si unse tutto il corpo di quell'olio ed uscì verso quelli.

Essi la portarono quindi dal loro capo, il quale, vistala, stupì della giovinezza e della bellezza di lei. Ed essa gli disse : 'Tu sei il capo di questo popolo?' Rispose : 'Sì!' Essa continuò : 'I miei genitori che mi hanno allevato erano gente forte e guerriera. Essi mi diedero una medicina che si beve prima di partire alla guerra. E, quando andavano in guerra, ne bevevano; ed, untosene anche tutto il corpo, partivano. Per questo nè lancia nè freccia li colpiva. Quanti erano innanzi a loro si consumavano come cera.

E tu se anche dessi tutte le tue ricchezze, non troveresti una simile. Prendila ora e lasciami andare, chè io sono serva del Signore. Non farmi male! E, se non credi alle mie parole, io ne berrò e vedrai. Venga il più forte e valoroso dei tuoi soldati e si accosti a me e vedrai quel che accadrà e lo ridurrò come spazzatura innanzi a te perchè ti sia accertato il mio discorso'. Questo diceva quella vergine per prudente consiglio da parte del Signore : preferiva essere uccisa anzi che la avvilissero i Gentili. Così gli mostrò quell'olio e gli disse : 'Eccolo'. Ne bevve essa un poco e se ne unse il corpo. Ed in cuor suo pregava il Signore e S. Giulio dicendo : 'Stammi a fianco in quest'ora! E stordisci il cuore di questi empii sin che io ottenga la corona del martirio!' E, finita la preghiera, * disse * p. 107
loro : 'Se tra di voi c'è un forte (guerriero) ed ha una spada affilata, mostri la sua forza su di me perchè voi proviate e vi persuadiate di questa medicina come essa è'.

C'era uno che stava presso il loro principe, subito dopo di lui. Ed era uomo molto saggio e capì che quella ragazza lo faceva per artificio e prese a gridare : 'Non è forse per artificio che essa fa per essere uccisa e morire piuttosto che perdere la verginità?' Allora venne S. Giulio e stette innanzi a quel rinnegato e gli mise un morso alla bocca perchè non finisse il discorso che aveva cominciato, sin che la decapitassero.

Presto un giovane forte irruppe di un salto ed aveva una spada affilata lucente per coronare (del martirio) la vergine fanciulla. E quella santa volse la faccia volenterosamente; e si tolse il cappuccio e porse il collo, e gridava : 'Colpisci con tutta la tua forza e non aver pietà!' Quello colpì la santa vergine e la decapitò.

E quel giovane, che aveva compreso il proposito della fanciulla come essa l'aveva fatto ad arte, credeva e giurava grandi giuramenti dicendo : 'Io farò tutto quanto tu mi hai comandato. E darò 600 denari alla tua chiesa'. E, quando egli disse così, lo lasciò S. Giulio chè quello era vicino a morte per il gran tormento che aveva. E rimase due giorni abbandonato come morto. E, quando rinvenne, ordinò che restituissero quanto avevano tolto al monastero delle monache. E consegnò la reliquia di lei ad una monaca, dandole vesti pregiate e profumi; ed ordinò che le facessero solennemente funerali come si conveniva. Dopo averne celebrato i funerali, quelle suore la seppellirono. Quindi egli diede 600 denari alla chiesa

e molti doni e se ne tornò al suo paese in pace. E, chiunque udì (il fatto), glorificò il Signore ed il Suo martire S. Giulio. E le
* p. 108 monache, quando videro la salvezza che avevano ottenuta da * Dio e da S. Giulio, ringraziarono Nostro Signore Gesù Cristo ed il Suo purissimo martire S. Giulio, altare dello Spirito Santo — la sua preghiera e benedizione siano col suo devoto Za-Walda Māryām. Nei secoli dei secoli. Amen.

XVII. Miracolo di S. Giulio, martire di Nostro Signore Gesù Cristo. La sua preghiera e benedizione siano col suo devoto Za-Walda Māryām! Nei secoli dei secoli. Amen ed Amen.

Inoltre ascoltate quel che avvenne : Una gente nunerosa si mosse dalla parte dell'Africa che è la Pentapoli. Il loro capo aveva nome Qarson, uomo forte, gagliardo e battagliero. Quando sentì la fama della grande città di Alessandria, si mosse e prese alcune navi sulle quali caricò duecentomila uomini ed andò ad Alessandria desiderando distruggerla. Quando si avvicinò, tutti del paese erano spaventati per la moltitudine delle truppe che erano come la sabbia del mare. Il popolo credente entrò premuroso nella chiesa di S. Giulio, grandi e piccoli, e si gettarono (a terra) innanzi alla reliquia di lui e l'abbracciavano dicendo a gran voce : 'O S. Giulio, martire di Cristo, noi ti supplichiamo che tu preghi il Signore per noi che disperda da noi questo grave pericolo e non faccia rovinare e spopolare la nostra città. Noi giuriamo per cotesta gloria, che ti circonda, che se tu ci salvi, noi daremo alla tua chiesa duemila denari e profumi ed incenso molto. Noi sappiamo che tu puoi fare quello che vuoi e niente ti è impossibile'. Dopo che ebbero detto ciò, levarono gli occhi e videro S. Giulio che stava su di un carro di luce, con molti militi spirituali che lo circondavano, simile a maestoso sovrano. Andò da lui ed accolse con le sue milizie quel
* p. 109 rinnegato Qarson. E, giunto colà, fermò le loro navi * nel mare; e fece scendere su di loro un gran terrore e spavento e molto turbamento. Fece che essi sentissero un gran freddo come nei mesi di dicembre e gennaio; e stavano come lacerati e sbranati (dal freddo), ed era il mese di aprile. Li spaventava poi il santo con una spada di fuoco e giurava loro, dicendo : 'Per il Dio vivente, se uno solo di voi curva il suo arco e lancia una freccia che colga uno solo di questa città o sguaini la sua spada per colpire ed ucci-

dere uno solo di questa città, io vi sterminerò con questa spada di fuoco che ho in mano. E farò che il mare e le onde e la tempesta si levino contro di te, o Qarson; e le tue truppe tutte farò affondare e non ne resterà uno solo, anzi perirete'. Qarson, quando udì il discorso del santo, per la troppa paura e spavento gridò : 'Che sei tu, signor mio? E quale è cotesta gloria che ti circonda? Tutti i miei muscoli tremano a vederti. Sei tu il Dio degli abitanti di cotesta città che combatti e guerreggi per loro? Io giuro per la gloria che ti circonda, se tu allontanerai questa paura e spavento da me e ne farai uscire le mie navi a salvezza, non tornerò più mai a combattere cotesta città; anzi stipulerò con loro che ci sia pace tra me e loro per tutta la mia vita'. Gli rispose il santo : 'Scrivimi di tua mano un documento che attesti che tu non farai loro alcun male; ed io ti farò uscire da questa angustia'. Gli disse Qarson : 'Io sono atterrito e spaventato; e tutto il mio corpo è legato per la gran paura del freddo e non posso scrivere. Se mi metti in grado di scrivere, sarà fatta la tua volontà'. Ed il santo allontanò da lui la paura ed il freddo. Quello scrisse il suo nome e gli diede il segno del patto che non sarebbe tornato a far loro male.

Poi disse Qarson al santo : 'Ti prego dirmi * chi sei tu e come ti chiami. E (ti prego) di consentirmi di entrare in città per visitarla; e sii tu il mio Dio come lo sei stato per gli abitanti di cotesta città, chè tu sei assai forte e gagliardo'. Gli rispose il santo : 'Io non sono Dio; anzi sono un servo di Dio. Il mio nome è Giulio'. E, dopo avergli detto ciò, il santo prese lo scritto col segnale del patto e della pace e scomparve. E portò lo scritto dove erano radunati tutti gli Alessandrini con il loro prefetto per paura di quei pagani e glielo gettò innanzi e se ne andò. Il prefetto ed il popolo, quando videro quello scritto di tregua e pace, si meravigliarono e compresero che era S. Giulio che aveva loro comunicato quel patto scritto. Si meravigliarono e glorificarono il Signore ed i Suoi purissimi martiri e S. Giulio.

* p. 110

Successivamente S. Giulio apparve al prefetto, mentre egli dormiva di notte e gli disse : 'Domani, quando ti sarai levato, accogli quel Qarson e non temere di lui, chè io gli ho permesso di entrare in città'. E, ciò detto, disparve. Al mattino dopo entrò Qarson in città e tutti gli uscirono incontro per accoglierlo in pace. Lo

onorarono e gli prepararono una dimora. Quando vide la città, (Qarson) stupì della sua bellezza del suo aspetto e costruzioni ed ornamenti e strade ed opere. E narrò al prefetto quanto gli aveva detto S. Giulio. Allora lo condussero a vedere la chiesa. E, quando entrò a vederla, stupì della magnificenza e bellezza dell'edificio ed ammirò gli uffizi che si celebravano in essa e lo prese paura e disse : 'Davvero questa è la casa di Dio'. Vide poi la reliquia di S. Giulio chiese : 'Chi è costui?'. Rispose il prefetto : 'Questo è il corpo di colui che ti è apparso ed i corpi di suo fratello e di suo figlio. Ed ecco questa è la loro effigie'. Quando Qarson vide l'effi-
* p. 111 gie di S. Giulio, chiese : 'Costui è * il sovrano della città?' Il prefetto gli rispose : 'Sì. Questo è il padre di tutti i Sovrani e magistrati e principi'. Disse Qarson : 'Davvero mi è apparso in grande maestà ed onore'. Quindi ordinò che gli portassero tremila denari e li diede alla chiesa e molti profumi; e restò tre giorni così, mangiando e bevendo, in quella chiesa per la sua magnificenzo e bello aspetto ed ornamenti. Poi fece venire un bravo pittore che dipinse per lui una immagine di S. Giulio in oro. E (Qarson) la prese con lui perchè gli fosse di aiuto e di potenza. Poi se ne tornò al suo paese, glorificando il Signor Nostro Gesù Cristo ed il beato Giulio, martire dello Spirito Santo — la cui preghiera e benedizione siano col suo devoto Za-Walda Māryām. Nei secoli dei secoli. Amen ed Amen.

XVIII. Miracolo di S. Giulio, martire di Gesù Cristo — la sui preghiera e benedizione sia col suo devoto Za-Walda Māryām! Nei secoli dei secoli. Amen.

Mentre Qarson ed i suoi compagni si rallegravano nella chiesa, uno dei suoi soldati levò gli occhi e vide l'icone di Gesù Salvatore dipinta sulla parete; e del come fu crocefisso sul legno della Croce ed i soldati gli trafissero il costato destro. Ed egli chiese ad uno dei Cristiani : 'Chi è questo?' Rispose il Cristiano : 'Questa è l'effigie del Salvatore quando fu crocefisso sul legno della Croce per la salvezza di tutto il mondo'. Quella allora prese la lancia e la pose al costato sinistro del Signore. Ciò avvenne il 12 (del mese) di *genbot* ed era il momento della consacrazione dell'Eucarestia; ed il prefetto con Qarson ed i compagni di questo erano presenti in chiesa. Allora la lancia aderì al costato dell'icone e fu presa senza che si potesse staccarla. Qual prodigio avvenne allora! * * p. 112 Perchè il Salvatore nostro Gesù Cristo mandò S. Giulio che trafisse quell'empio e lo lacerò.

E gli cadde addosso una grave malattia che il corpo gli bruciava e la mano gli aderì alla lancia e nessuno si occupò di lui, perchè egli stava sull'ambulacro superiore della chiesa. Quindi gridava perchè il popolo lo udisse e restò appeso per i piedi e passò un giorno in tal tormento. E gridava : 'Sono stato trafitto e piagato al fianco da quello che sta sul cavallo fra quegli altri due'. Quale grido non si udì dal popolo cristiano ed anche dal popolo pagano, che gridavano e glorificavano il Signore, i Suoi martiri purissimi e S. Giulio! E quel giovane era caro e prediletto da Qarson per le sue uccisioni e valore e forza e vittorie in guerra. E, quando (Qarson) vide la disgrazia di quello ed (udì) le parole che gridava, si turbò nel cuore per lui; e chiese al prefetto ed ai notabili della città che domandassero al popolo ed ai sacerdoti perchè popolo e sacerdoti domandassero a S. Giulio martire che lo perdonasse e ne avesse pietà. Così, dopo molte preghiere, si mosse a pietà e lo fece discendere, pur terrorizzato e spaventato. E per lui diedero molte offerte e doni alla chiesa e se ne tornarono ai loro paesi, glorificando il Signore e S. Giulio. Ed il prefetto, quando vide la salvezza di quel pagano dal flagello, diede i duemila denari, di cui aveva prima fatto voto, alla chiesa di S. Giulio e glorificò il Signore ed il Suo martire purissimo S. Giulio, pieno di saggezza ed intelligenza, che soleva celebrare i funerali dei martiri per onorare l'amore di Cristo in memoria — la sua preghiera e benedizione siano col suo devoto Za-Walda Māryām. Nei secoli dei secoli. Amen.

XIX. Miracolo di S. Giulio, martire di Gesù * Cristo. La sua * p. 113 preghiera e benedizione siano col suo devoto Za-Walda Māryām. Nei secoli dei secoli. Amen.

Ascoltate questo gran prodigio fatto dal Signore e dal Suo purissimo martire S. Giulio. C'era nella città di Alessandria un Ebreo, assai ricco in oro ed argento ed ogni bene. Egli era un gran mago. Soleva commerciare in teschi e li vendeva ai ricchi della terra ed essi gli davano per essi molto denaro. E molti dicevano : 'Certo nei teschi ci sarà un gran guadagno.' E quelli, che si preparavano alla rovina ed al padre loro Satana , solevano fare le arti magiche sui fanciulli primogeniti. Li rapivano e li portavano nel deserto interno in luoghi disabitati e solitari. Lì costruivano un pozzo durante la stagione estiva e li tenevano dentro e li seppellivano nella sabbia sino alle ginocchia o sino alle spalle. E li custodivano così di giorno e di notte; nè davano loro cibo nè bevanda. E se un fanciullo piangeva : 'Io ho fame', non si voltavano. E se un fanciullo gridava : 'Ho sete', prendevano un po'd'acqua e gli inumidivano le braccia e la testa. E, dopo che il fanciullo era stato a lungo in questo tormento, in fame e sete e freddo di notte e caldo di giorno sino a morirne, quando lo vedevano vicino a morte e gli occhi gli si oscuravano e gli diventavano come di sangue e la lingua gli aderiva alle fauci, allora si affrettavano a tagliargli la testa prima che morisse; poi ne bruciavano il corpo. Allora i demoni parlavano per il teschio sulla sabbia. E con loro molte insidie facevano errare molti per la loro opera diabolica, per gli insegnamenti e le immagini menzognere che facevano loro apparire.

C'era nella città di Alessandria una donna Ebrea, che era stata
* p. 114 col marito quarantaquattro anni senza aver figli. Poi partorì * un figlio maschio di piacevole aspetto e lo allevò con gran cura. Quando egli arrivò all'età di studiare, lo diede ad un maestro. Un giorno uscì a passeggio ed incontrò quel mago, che lo prese e lo portò in quel luogo deserto, di cui abbiamo detto sopra. Il padre e la madre aspettavano che ritornasse dal maestro, credendo che egli stesse dal maestro; e pazientarono un giorno e due e tre. Ma, indugiando egli a tornare, si mossero i genitori e giravano dovunque e, non trovandolo, assai soffrivano i loro cuori. La madre si lacerò le vesti e si versò cenere in testa alla fine del terzo giorno per amore del figlio disperso. Quindi andò alla chiesa di S. Giulio e gridava : 'O signor mio S. Giulio, ti supplico di avere pietà e misericordia della mia sventura. Prima hai accolto la mia preghiera e mi hai consolata, concedendomi questo figlio, che ho generato per le tue preghiere. Ora si è sperduto. L'ho cercato e non l'ho trovato; e non ne ho sentito notizia. Se per le tue preghiere ritrovo mio figlio, io e mio figlio diventeremo cristiani e daremo mille denari alla tua chiesa.' Ciò detto, uscì piangendo ed andò a casa.

E, mentre andava, incontrò S. Giulio in figura di un gran magistrato; con lui erano molti soldati che lo scortavano. Le chiese : 'Non hai ancora trovato tuo figlio?'. Rispose : 'No, signore'.

E le disse (S. Giulio) : 'Mi hanno detto ora che un empio mago lo ha rapito e lo ha portato nel deserto per ucciderlo. Affrettati a dirlo a tuo marito che lo dica al prefetto ed il prefetto venga da me ed andremo insieme in quella località di cui mi è stato detto e lo coglieremo all'improvviso prima che lo uccida. Ecco, io vi aspetterò qui sin che torniate da me'. * La donna, udito ciò, andò * p. 115 in fretta a dirlo al marito ed il marito narrò il fatto al prefetto. Il prefetto, udito ciò, si mosse subito, seguito dai soldati e da molto popolo. Andati, trovarono S. Giulio in figura di un gran magistrato che narrò e li informò di quanto era accaduto. Ed andarono preceduti da lui nel luogo dove era il fanciullo. Giunti, trovarono il fanciullo seppellito nella terra sino alle spalle e vicino a morte per la fame e la sete. Ed il padre e la madre, vedendo il figlio in quel tormento, gridarono a gran voce e piangendo : 'Ahi noi! nostro caro figlio, che una crudele morte ti ha colto'. E lo tirarono fuori della terra. E S. Giulio, trovato il mago, lo legò e gli inferse un gran colpo e lo prese per i capelli. E di corsa lo fece entrare in chiesa e lo appese a testa in giù. Ed i genitori del fanciullo presero il loro figlio, lieti; e narrarono a tutti l'accaduto : del come la madre aveva pregato il Signore e S. Giulio e come aveva fatto il voto dei mille denari e come aveva trovato il magistrato : l'angelo e cioè S. Giulio; e come egli aveva guidato il prefetto, facendoli arrivare al luogo in cui era il fanciullo e come aveva trovato il mago empio e l'aveva afferrato e portato in chiesa ed appeso a testa in giù. E chiunque ascoltava, andava in chiesa e vedeva quel disgraziato appeso, tormentato e torturato ad opera di S. Giulio.

A mezza notte S. Giulio apparve al prefetto in sogno e gli disse : 'Domattina levati e va in chiesa. Io farò scendere quell'empio mago. Tu prendilo e * portalo in mezzo alla città! Scava la terra, mettilo * p. 116 nel fosso e seppelliscilo sino alle braccia. E lascialo senza mangiare nè bere sino a morire. Prendi tutti i suoi averi ed introitali all'erario. Così dice in verità il Signore'. E, ciò detto, S. Giulio disparve.

Al mattino il prefetto andò nella chiesa e trovò il mago, che S. Giulio allora aveva fatto scendere. Era egli vicino a morte. (Il prefetto) ordinò che lo portassero nel mezzo della città e facessero come aveva ordinato S. Giulio; e ne sequestrò tutti i beni, introitandoli per l'erario. E quell'uomo e quella donna, quando videro il prodigio che aveva loro fatto S. Giulio pel loro figliuolo, abbandonarono la religione giudaica e si fecero cristiani insieme col loro figlio. E diedero mille denari alla chiesa di S. Giulio a gloria del Signore e dei Suoi santi.

Ciò vi abbiamo rivelato ed abbiamo scritto in questo luogo circa i miracoli e prodigi che il Signore operò per mano del Suo martire forte e valoroso, S. Giulio, particolarmente nel suo santo santuario. Perchè noi sappiamo che questo santo e purissimo martire Giulio è vicino al Signore ed è a Lui consentito per quelli, che lo pregano di tutto cuore, che subito li senta. E chi gli fa voto di offerte, il Signore concede a lui di consolarli e compiere i loro desideri e proteggerli da ogni male. Dunque, miei carissimi, se noi non possiamo diventare martiri, onoriamo almeno i martiri e celebriamone la commemorazione secondo le nostre forze e cioè con carità ed elemosina; pietà ed amore fraterno e buone parole, umiltà e bontà con ingenuità, digiuni e preghiere. E, se vediamo un affamato, diamogli da mangiare; e se un nudo, diamogli da vestire, come disse Nostro Signore nel Vangelo : 'Chi dà a bere un calice di acqua fresca ad uno di questi piccoli, non gli mancherà mercede'[1].
* p. 117 * Chi mai è uno come S. Giulio, vero martire di Nostro Signore Gesù Cristo? Chè tu ci hai preparato un gran convito e cioè la commemorazione del martire del Signore, S. Giulio. E noi siamo pingui e sazi e deliziati di mangiarne, nell'udire la storia delle sue bontà e virtù, del suo agone e dei molti miracoli del beato e santo Giulio, martire di Nostro Signore Gesù Cristo, che compì il suo agone ed il suo martirio il 22 del mese di *maskaram* nelle pace del Signore, Dio Padre. La sua preghiera e benedizione e le ricchezze del suo aiuto e la sua pietosa intercessione di S. Giulio martire siano col suo devoto Za-Walda Māryām! Nei secoli dei secoli. Amen ed Amen.

Noi che ci siamo qui radunati nel giorno della commemorazione della sua morte, uomini e donne, pecorelle di Cristo, per udire ed allietarci della lettura della storia della sua bontà, il Signore ci sia clemente per le preghiere di lui e ci ripartisca in grazia abbondanti benedizioni! Nei secoli dei secoli. Amen ed Amen.

1 *Matth.*, x, 42.

È qui finito il libro degli Atti e la storia dei miracoli del beato e santo Giulio, con suo fratello Yonyās e suo figlio Teodoro, che furono martiri nel nome di Nostro Signore Gesù Cristo per mano di Alessandro. Le loro preghiere e benedizioni e la possanza del loro aiuto e la loro pia intercessione siano col loro devoto Za-Walda Māryām! Nei secoli dei secoli. Amen. Fiat. Fiat.

Salute a te, o amante delle elemosine
ai viandanti ed agli emigranti.
Io attendo da te, o Giulio di Aqfāḥs,
che mi conceda tu la salvezza dal peccato che rovina;
così come il frutto della terra attende il suo coltivatore.
Salute a voi, membra stesse di S. Giulio,
Yonyās suo fratello e Teodoro suo figlio,
Ed Eucaristo, vostro consociato in tutto;
Dite voi : 'Pace' alla nostra adunanza,
affinchè la vostra pace permanga sempre con noi.
Salute io dico alle genti di S. Giulio,
uomini e donne, santi * nel tribunale in cui stettero; * p. 118
si aggiungono al loro numero ciascuno dei nostri desideri,
non eccettuando di fra noi alcuno.
Salute alla consacrazione della tua chiesa in gran consesso di popolo
ed ai tuoi miracoli di sì gran numero;
come salvasti per la tua mano Costantino,
quando il nemico lo assalì come onda;
così salvami alla Sapienza, o S. Giulio, me misero.

* p. 119

III *

INNO A GIULIO DI AQFĀḤS

(D'Abbadie 170 = Conti Rossini 89)

Amico del Dio di verità tu fosti, chè l'opera tua fu soave,
come Abramo fedele, padre dei Patriarchi,
o Giulio, servo del Vivente.
Salute a te, il cui corpo ascese l'altare della verità
come Isacco, l'agnello;
e come Israele tu costruisti il tempio dell'offerta,
o Giulio, servo del Signore.
Salute a te, o signore, che fosti umile come il legislatore Mosè,
e compagno degli Angeli nella modulazione della liturgia,
o Giulio, servo della Trinità.
Salute a te, per la cui costante benevolenza ai martiri del prodigioso agone
ti denominò la fama, come Giobbe.
o Giulio, servo della Sapienza.
Salute a te, che per fede risollevasti dalla morte i morti nelle carne,
come il Principe dei Discepoli, Pietro, pietra della fede,
o Giulio, servo della Vita.
Salute a te, Giulio, martire nel Suo nome, ieri ed oggi
sii per me causa di verità a spargere il mio sangue,
chè io sono figlio della maledizione.
Salute a te, Giulio, martire nel Suo nome, ieri ed oggi
* p. 120 * sii per me riscatto nell'aula del Giudizio,
o Giulio, adorno di veste di purità,
chè io sono uomo colpevole.
O Dio di S. Giulio, proteggi me tuo servo!

I

INDICE DEI PASSI BIBLICI

II

INDICE DEI NOMI PROPRI DI PERSONA

III

INDICE DEI NOMI PROPRI GEOGRAFICI E DI POPOLAZIONI

INDICE GENERALE